Maria Edelmann

Unterwegs zu den Heiligen

Ein spannendes Spürnasenprojekt
für Kinder ab der 3. Klasse

Kopiervorlagen mit Lösungen

Gedruckt auf umweltbewusst gefertigtem, chlorfrei gebleichtem
und alterungsbeständigem Papier.

1. Auflage 2022

Illustrationen: Anja Edelmann
Layout/Satz: PrePress-Salumae.com, Kaisheim

ISBN 978-3-95660-**413**-3 www.brigg-verlag.de

Inhalt

Vorwort

Die Heiligen

Der heilige Gabriel

Der heilige Michael

Der heilige Ulrich

Die heilige Katharina

Der heilige Christophorus

Die heilige Elisabeth

Die heilige Apollonia

Der heilige Nikolaus

Die heilige Barbara

Der heilige Hieronymus

Vorwort

Warum Heilige im Unterricht?

Warum trägt der heilige Ulrich einen Fisch bei sich? Was hat es mit dem Rad bei Katharina und dem Zahn bei Apollonia auf sich und warum nur hält dieser Engel eine weiße Lilie in der Hand?
Heilige stehen in einer reichen Tradition, begegnen uns in unseren Namen und beim Wetter, in berühmten Museen dieser Welt und selbst als Glücksbringer in unseren Autos.
Es gibt Menschen wie die heilige Elisabeth, die wirklich gelebt haben und es gibt Heilige, deren Existenz nicht gesichert belegt ist – wie den heiligen Christophorus. Engel sind Heilige: Michael und Gabriel, Raphael und viele andere. Wir kennen die Heiligen Drei Könige, die Vierzehn Nothelfer, alte und moderne Heilige.
Leider hängt ihnen gar zu oft der Geruch verstaubter Gipsfiguren oder speckig glänzender Ölgemälde an: dann nämlich, wenn sie gar zu heilig dargestellt oder gezeichnet werden. Wenn sie als Vorbilder gezeigt werden, die ihr Leben völlig auf Gott ausrichten, sich aufopferungsvoll und voller Hingabe den Menschen und ihren Nöten widmen, ohne Zweifel und Angst, ohne Zögern und Hadern.
Wer allerdings nicht vom Heiligenschein geblendet verharrt, sondern aufgeschlossen Neues zu entdecken sucht, wird Menschen finden, die nach ihrer Überzeugung handeln und dabei natürlich auch Zweifel und Ängste erleben, unsicher, ratlos und traurig sind und vor allem nicht perfekt.
So kommen uns die Heiligen nahe und wir öffnen uns, um uns mit ihnen zu beschäftigen und den Kontext, in dem sie stehen und die Attribute, mit denen sie gezeigt werden, zu untersuchen. Das ist spannend und bereichernd.

Zum Umgang mit der Unterrichtshilfe

Heilige sind spannend. Wenn sie aus ihrer verstaubten Ecke geholt werden und motivierend aufbereitet sind, begeistern ihre Geschichten kindliche Spürnasen im Klassenzimmer. Dann macht es Freude, Neues zu entdecken, Interessantes herauszufinden, geheime Attribute zu entschlüsseln und davon zu berichten.
Anhand der Heiligen und der Auseinandersetzung mit ihnen im Unterricht erlangen und erweitern Schülerinnen und Schüler somit viele Kompetenzen, die sie stärken und bilden. Sie werden angeregt und unterstützt, ihre Fragen nach dem Woher, Wozu und Wohin wach zu halten und zu erforschen (religiöse Kompetenz), sich Wissen anzueignen und die Geschichten der Heiligen auch auf eigene Erfahrungen zu beziehen (Fachkompetenz); sie entwickeln Achtung und Verständnis gegenüber Menschen mit anderen Lebensdeutungen und werden darin ermutigt, sich in ihrer Lebenswirklichkeit anzunehmen, Vertrauen und Verantwortungsbereitschaft zu entwickeln (personale Kompetenz). Durch die offenen Arbeitsformen werden die Schülerinnen und Schüler auch darin unterstützt, ihre sozialen und methodischen Kompetenzen zu erweitern und auszubauen.

Aufbau der Unterrichtseinheit und Bewertungsmöglichkeiten

Die Einheit „Unterwegs zu den Heiligen“ ist gedacht als Projekt für mehrere Gruppen einer Klasse – je nach Klassenstärke können unterschiedlich große Gruppen eingeteilt werden, wobei sich erfahrungsgemäß eine Zahl von drei Schülern als optimal erweist, aber auch Gruppen mit zwei oder vier Schülern sind denkbar. Die gesamte Einheit kann von den Schülerinnen und Schülern selbstständig als Projekt bearbeitet werden. Bei jüngeren Kindern und bei Bedarf ist es natürlich möglich, einen oder mehrere Heilige gemeinsam „unter die Lupe“ zu nehmen. Folgender Aufbau bietet sich an:

Einführung

Ein gemeinsamer Einstieg führt die Kinder behutsam an das Thema „Heilige“ heran – sie werden motiviert, über eigene Erfahrungen zu sprechen, Ideen und Gedanken zur Einheit zu äußern. „Was sind Heilige?“, „Welche Heiligen kenne ich?“ – Fragen kommen auf und können besprochen werden.

Gruppeneinteilung

Die Gruppen werden eingeteilt, und jede Gruppe beschäftigt sich in der folgenden Zeit mit einem Heiligen. Bei der Gruppeneinteilung gibt es unterschiedliche Möglichkeiten: die Lehrkraft teilt die Gruppen ein – die Schüler wählen einen Heiligen und entsprechend finden sich die Gruppen zusammen – die Schüler dürfen frei entscheiden, mit wem sie zusammenarbeiten möchten – das Zufallsprinzip entscheidet.

Material

Wenn sich die Gruppen gefunden haben, werden die Materialien verteilt. Jede Gruppe benötigt die entsprechenden Kopiervorlagen, aber auch Materialien für die Präsentation sollten bereitstehen. Es bietet sich an, die Kopiervorlage I („Fahrplan für Spürnasen") gemeinsam zu besprechen – sie ist für alle Gruppen gleich. Fragen können geklärt und besprochen werden.

Gruppenarbeit

Die Schüler beschäftigen sich in der Gruppe nun selbstständig in einer vorgegebenen Zeit mit ihrem Heiligen, recherchieren, bearbeiten Aufgaben und bereiten ihre Präsentation vor.

Spürnasenmappe

Jeder Schüler gestaltet zudem eine Spürnasenmappe zu seinem Heiligen. Diese Mappe enthält bearbeitete Kopiervorlagen und Zusatzaufgaben. Sie wird am Ende der Einheit abgegeben und kann von der Lehrkraft bewertet werden. Diese sollte vorab mit den Schülern klären oder vorgeben, in welcher Form die Mappe abzugeben ist. Hier bieten sich unterschiedliche Möglichkeiten an: als Ordner, in dem die unterschiedlichen Blätter und Materialien eingeheftet werden – als DIN-A4-Heft, in das Blätter eingeklebt und Zusätzliches direkt eingetragen, gestaltet und bemalt werden kann – als „Heiligenbox", die abgegeben wird und ein buntes Sammelsurium mit unterschiedlichen Materialien enthält ...

Präsentation und Abschluss

Jede Gruppe präsentiert ihre Ergebnisse und „ihren Heiligen" der Klasse. Eine Ausstellung der Ergebnisse bietet einen gelungenen Abschluss der Einheit.

Die Einheit bietet viele Möglichkeiten der Bewertung:

- Die Arbeit/ das Verhalten in der Gruppe
- Einzelaufgaben und das freie Arbeiten
- Spürnasenmappe: Hier können die Pflicht- sowie die zusätzlichen Aufgaben in die Bewertung mit einfließen, auch Gestaltung und Vollständigkeit sollten berücksichtigt werden. Ein schriftliches Feedback für den Schüler ermöglicht Transparenz.
- Präsentation: Bei der Präsentation können verschiedene Arbeitsbereiche bewertet werden, die zuvor mit den Schülern auch zu besprechen sind (Transparenz): Einstieg – Vortrag – Vorlesen (Betonung, Tempo, Verständnis) – Schluss – Infos auf dem Plakat und Plakatgestaltung – Pflicht- und zusätzliche Aufgaben – vollständige Abgabe der Mappen innerhalb der Gruppe – allgemeiner Eindruck der Gruppenarbeit und Sonstiges.

Weiterführendes

Natürlich gibt es unterschiedliche Arten der Weiterführung dieser Einheit.

- So befinden sich zum Beispiel alle Gemälde, die in diesem Band zu sehen sind, heute in der Gemäldegalerie in Berlin. Daher bieten sich viele Themen im Bereich Kunst an: Was ist die Gemäldegalerie in Berlin? Welche Kunstwerke gibt es dort? Welche Museen kennen wir? Kunstgattung, Stile, Epochen, berühmte Maler ...
- „Moderne Heilige von heute!" – auch dies wäre sicherlich eine lohnenswerte Weiterführung. Berühmte Heilige wie Edith Stein, Dietrich Bonhoeffer, Johannes XXIII., Martin Luther King, Mutter Teresa und viele andere wären hier zu nennen, aber auch die Frage: „Wer ist für mich und in meinem Umfeld ein Heiliger? Meine Mama, die sich immer um die Oma kümmert oder der Mann im Dorf, der Spenden sammelt und damit nach Gambia fährt oder die Frau, die ehrenamtlich in den Kindergarten meiner Schwester kommt und jede Woche für die Kinder vorliest und mit ihnen singt? Hier sind unterschiedliche Zugänge und Vertiefungen möglich.

Unterwegs zu den Heiligen – Fahrplan für Spürnasen KV I

Wie heißt der Heilige, den ihr ausgewählt habt? ______________________________

Glückwunsch, da habt ihr eine spannende heilige Figur erwischt, über die es viel zu erfahren gibt! Gemeinsam dürft ihr euch mit ihr beschäftigen und eure Ergebnisse der Klasse präsentieren. Eure Aufgaben in der Gruppe sind:

Gruppeneinteilung

Wer ist der Schreiber? ______________________________

Wer ist der Leser/Vorleser? ______________________________

Wer ist der Zeitwächter? ______________________________

Gibt es sonst noch eine Aufgabe, die ihr verteilen müsst? ______________________________

Wer übernimmt diese Aufgabe? ______________________________

Wir legen los!

Lest euch die Legende zu eurem Heiligen gemeinsam durch: zunächst leise, jeder für sich. Unterstreicht die Wörter, die unklar sind und klärt sie gemeinsam!
Sprecht über euren Heiligen: Was findet ihr spannend? Was ist total komisch? Gibt es Dinge, die ihr nicht versteht? Der Vorleser liest die Geschichte nun nochmals für eure Gruppe vor.
Bearbeitet anschließend die unterschiedlichen Aufgabenblätter!

Mappe

Jeder von euch gestaltet eine Mappe zu eurem Heiligen, die am Ende abgegeben wird! In diese Mappe kommen alle bearbeiteten Aufgabenblätter und zusätzliche Materialien zu eurem Heiligen. Folgendes sollte bearbeitet sein:

- Die Legende habe ich gelesen (KV 1). ☐
- Die weiteren Aufgabenblätter habe ich in der Gruppe oder alleine bearbeitet und schön gestaltet (KV 2, 3, 4, 5, 6, 7 und eventuell 8) ☐
- Ich habe noch weitere Dinge zu meinem Heiligen gefunden oder gestaltet: Fotos, Wappen, Bilder, Texte, Informationen, Anhänger, Schmuckstücke ... ☐
- Einen Text zu meinem Heiligen habe ich besonders schön abgeschrieben und gestaltet (die Legende, ein Gedicht, einen Liedtext ...) ☐

Unterwegs zu den Heiligen – Fahrplan für Spürnasen

KV I

Präsentation

Ihr seid als clevere Spürnasen nun echte Heiligenprofis? Super, dann könnt ihr eure Ergebnisse der Klasse präsentieren. Folgende Hinweise helfen euch sicher dabei:

- **Plakat:**

  Gestaltet für euren Vortrag ein Plakat. Achtet darauf, dass man Texte gut lesen und Bilder genau erkennen kann! Passt auf, dass sich keine Fehler auf dem Plakat einschleichen!
  Folgende Informationen sollen natürlich nicht fehlen:
  - Name des Heiligen
  - Bilder, Fotos
  - Erkennungszeichen des Heiligen und Erklärungen
  - Interessantes und Spannendes

- **Zusatzaufgabe:**

  Habt ihr Lust, euren Heiligen nicht nur auf einem Plakat, sondern noch auf eine andere Art zu präsentieren (zum Beispiel eine Skulptur basteln, ein Lied einstudieren, das Erkennungsmerkmal besonders gestalten ...)? Na, dann los, lasst eurer Fantasie freien Lauf!

- **Vortrag:**

  Euer Vortrag sollte eine kurze Einführung zu eurem Heiligen beinhalten. Anschließend könnt ihr der Klasse die Legende vorlesen und das Plakat erklären. Schön wäre es, wenn ihr euren Vortrag mit eurer eigenen Meinung zu eurem Heiligen oder zu dieser Einheit beenden könntet. Überlegt euch für eure Präsentation genau, wer welche Aufgaben übernimmt und probt euren Vortrag!

  Wer übernimmt die Einführung?

  ____

  Wer liest die Legende für alle vor?

  ____

  Wer erklärt das Plakat?

  ____

  Wer übernimmt den Schluss mit eurer Meinung zu eurem Heiligen?

  ____

  Sonst nach was und wer ist dafür verantwortlich?

  ____

Der heilige Gabriel – die Legende

Ein Engel der Verkündigung

Engel sind ganz besondere Heilige, und bestimmt hast du schon viele unterschiedliche Engel auf Bildern gesehen und vielleicht selbst sogar schon einige gemalt oder gezeichnet. Doch hast du schon einmal versucht, all diese Engel zu zählen? Es gibt so viele von ihnen, auf unZÄHLIGEN Bildern und Gemälden, in Museen und Häusern, in Kirchen und Palästen überall auf dieser Welt.

Es gibt große Engel und kleine, Engel mit Flügeln und Engel ohne Flügel. Auf manchen Bildern sieht man Engel, die kämpfen und wieder andere, die jemanden beschützen – und manchmal kannst du Engel entdecken, die auf einer Wolke sitzen und denen es sogar langweilig zu sein scheint.

Hast du einen Lieblingsengel?
Der Name Engel bedeutet „Bote Gottes", und stell dir vor, manche Engel gelten als ganz besondere Boten und werden deswegen sogar „Erzengel" genannt.
Einer von diesen Erzengeln ist der heilige Gabriel.
Und ihn sollen wir unter all diesen Engeln herausfinden und erkennen können?

Ich kann dir verraten: Das können wir, und es ist gar nicht so schwer!

Der heilige Gabriel – die Legende

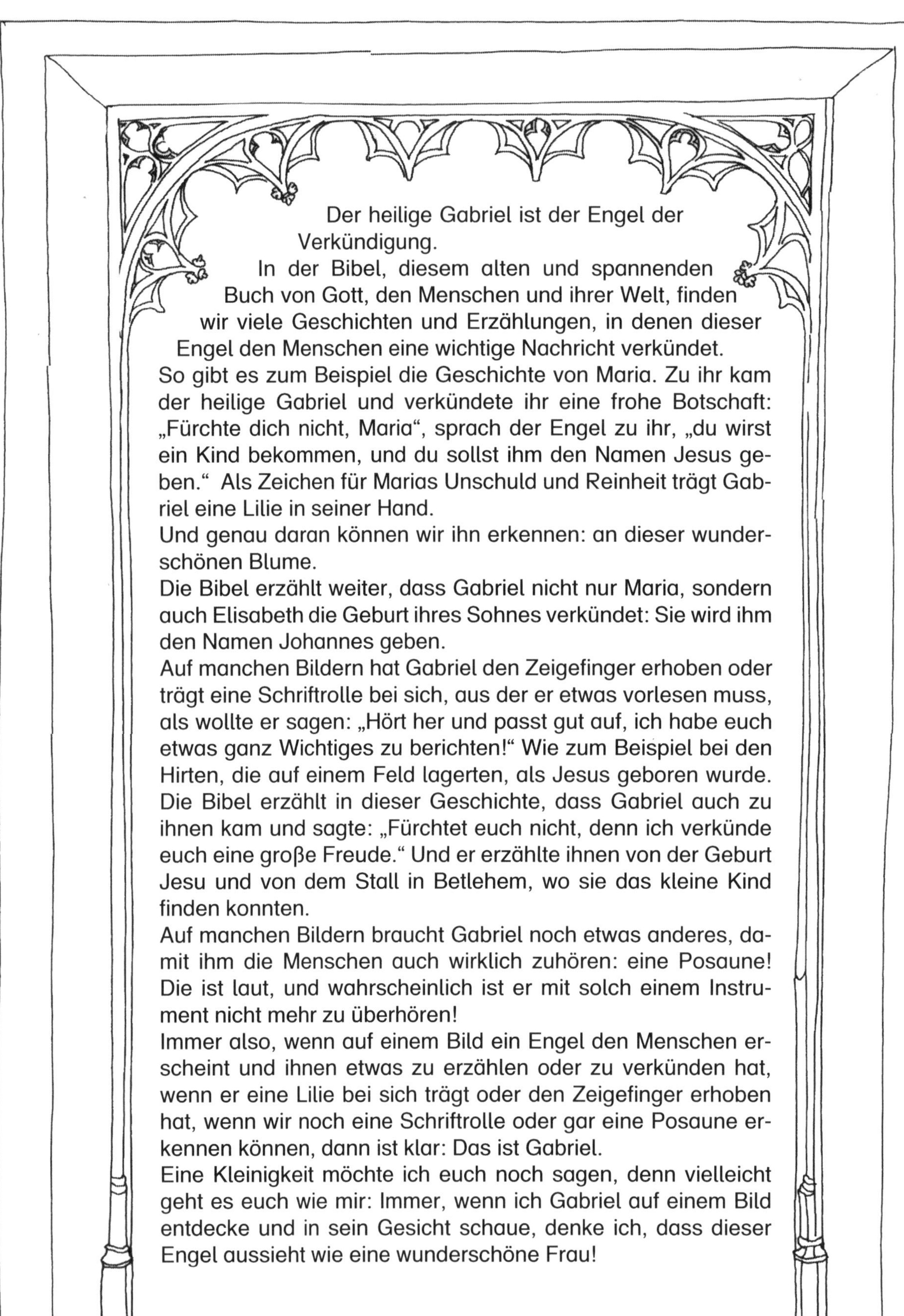

Der heilige Gabriel ist der Engel der Verkündigung.

In der Bibel, diesem alten und spannenden Buch von Gott, den Menschen und ihrer Welt, finden wir viele Geschichten und Erzählungen, in denen dieser Engel den Menschen eine wichtige Nachricht verkündet.

So gibt es zum Beispiel die Geschichte von Maria. Zu ihr kam der heilige Gabriel und verkündete ihr eine frohe Botschaft: „Fürchte dich nicht, Maria", sprach der Engel zu ihr, „du wirst ein Kind bekommen, und du sollst ihm den Namen Jesus geben." Als Zeichen für Marias Unschuld und Reinheit trägt Gabriel eine Lilie in seiner Hand.

Und genau daran können wir ihn erkennen: an dieser wunderschönen Blume.

Die Bibel erzählt weiter, dass Gabriel nicht nur Maria, sondern auch Elisabeth die Geburt ihres Sohnes verkündet: Sie wird ihm den Namen Johannes geben.

Auf manchen Bildern hat Gabriel den Zeigefinger erhoben oder trägt eine Schriftrolle bei sich, aus der er etwas vorlesen muss, als wollte er sagen: „Hört her und passt gut auf, ich habe euch etwas ganz Wichtiges zu berichten!" Wie zum Beispiel bei den Hirten, die auf einem Feld lagerten, als Jesus geboren wurde. Die Bibel erzählt in dieser Geschichte, dass Gabriel auch zu ihnen kam und sagte: „Fürchtet euch nicht, denn ich verkünde euch eine große Freude." Und er erzählte ihnen von der Geburt Jesu und von dem Stall in Betlehem, wo sie das kleine Kind finden konnten.

Auf manchen Bildern braucht Gabriel noch etwas anderes, damit ihm die Menschen auch wirklich zuhören: eine Posaune! Die ist laut, und wahrscheinlich ist er mit solch einem Instrument nicht mehr zu überhören!

Immer also, wenn auf einem Bild ein Engel den Menschen erscheint und ihnen etwas zu erzählen oder zu verkünden hat, wenn er eine Lilie bei sich trägt oder den Zeigefinger erhoben hat, wenn wir noch eine Schriftrolle oder gar eine Posaune erkennen können, dann ist klar: Das ist Gabriel.

Eine Kleinigkeit möchte ich euch noch sagen, denn vielleicht geht es euch wie mir: Immer, wenn ich Gabriel auf einem Bild entdecke und in sein Gesicht schaue, denke ich, dass dieser Engel aussieht wie eine wunderschöne Frau!

Der heilige Gabriel und seine Merkmale

KV 2

Bilder von Heiligen gibt es schon sehr lange, und schon immer haben Menschen überlegt: Wie können wir die Heiligen erkennen, wenn wir sie betrachten? Im Mittelalter kamen einige Künstler auf die Idee, den Namen des Heiligen als Inschrift auf ihr Kunstwerk zu schreiben. Das Problem war nur: viele Leute konnten damals weder schreiben noch lesen! Und so fing man vor über 700 Jahren an, die Heiligen durch Kleidung und besondere Gegenstände oder Zeichen erkennbar zu machen. Diese Merkmale nennt man Attribute. Es gibt ganz allgemeine Attribute wie zum Beispiel ein Buch oder eine Palme, die man bei vielen Heiligen finden kann. Diese Attribute zeigen, was der Heilige bewirkt hat oder wie er gestorben ist. Darüber hinaus gibt es ganz besondere Attribute, die man nur bei wenigen Heiligen entdecken kann und durch die man auf die richtige Spur des Heiligen kommt.

Attribute des heiligen Gabriel

Ein Engel hat meist zwei Flügel, und so ist das auch bei Gabriel! Doch ihr könnt ihn noch an anderen Attributen erkennen: Fast immer wird er als (weiblicher) Engel mit einer Lilie in der Hand gezeigt. Diese wunderschöne Blume ist ein Zeichen der Reinheit und zeigt zudem, dass Gabriel ein wichtiger Bote und Verkünder Gottes ist. Manchmal hat Gabriel den Zeigefinger erhoben oder er trägt eine Schriftrolle bei sich – auch das sind Attribute dafür, dass er Wichtiges zu verkünden hat. Und auf wenigen Bildern sieht man ihn sogar mit einer Posaune – schließlich sollen all seine Mitteilungen gehört werden!

Aufgabe

Versucht, die Attribute des heiligen Gabriel hier darzustellen. Ihr dürft malen oder zeichnen, selbst gemachte Fotos einkleben oder Bilder aus dem Internet suchen!

Engel mit Flügeln

Lilie

erhobener Zeigefinger oder Schriftrolle

Posaune

Der heilige Gabriel – ein berühmtes Bild! **KV 3**

Das Bild, das du hier siehst, zeigt den heiligen Gabriel und heißt „Die Verkündigung an Maria“. Der Erzengel kniet vor Maria und verkündet ihr eine frohe Botschaft. Die eine Hand hat Gabriel zum Gruß erhoben, in der anderen hält er eine Lilie. Er trägt ein wertvolles, mit Edelsteinen besetztes Gewand, und die Federn seiner Flügel schimmern in unterschiedlichen Farben.
Gemalt hat das Bild der Maler Piero del Pollaiuolo um 1470, also vor fast 600 Jahren. Viele Bilder hat dieser Künstler zusammen mit seinem Bruder Antonio gemeinsam gemalt, und auch hier dachten viele Fachleute lange, es wäre eine Gemeinschaftsarbeit. Heute allerdings glauben die meisten Kenner, dass Piero dieses Kunstwerk ganz alleine gemalt hat. Es hängt in der Gemäldegalerie in Berlin, und wenn du einmal dort bist, musst du es unbedingt anschauen, es lohnt sich!

Der heilige Gabriel und mein persönlicher Namenspatron **KV 4**

Heißt du vielleicht zufällig Gabriele, Gabriella oder Gabriel? Dann wäre dein Namenspatron der heilige Gabriel, und sein Gedenktag wäre dein Namenstag. Falls du nicht Gabriel heißt: Hast auch du einen Namenspatron und kennst vielleicht sogar deinen Namenstag?

Mein Namenstag ist am: ____________________

Hat dein Name eine Bedeutung? Kennst du sie oder kannst sie in Erfahrung bringen?

Mein Name bedeutet: ____________________

____

Falls du einen Namenspatron hast: Mach dich auf die Suche und notiere auf einem extra Blatt in wenigen Sätzen seine Geschichte! Falls du keinen Namenspatron hast, darfst du dir den Namen eines Heiligen – außer Gabriel, den kennen wir ja schon – auswählen, der dir besonders gut gefällt und seine Legende erzählen. Recherchiere dafür im Internet oder frage Eltern, Großeltern, Lehrer, Pfarrer oder Freunde!

Kennst du noch weitere Heilige? Warst du vielleicht schon einmal in einem Museum oder in einer Kirche und hast auch dort Heilige entdeckt? Erzähle!

Der heilige Gabriel – mein schönstes Bild

KV 5

Der heilige Gabriel – Mein Paradiesgarten

KV 6

Mein Paradiesgarten

Wenn der heilige Gabriel Maria die Botschaft von der Geburt ihres Sohnes verkündet, so sieht man ihn auf vielen Bildern in einem wunderschönen Garten stehen – wie im Paradies! Wie stellst du dir deinen Paradiesgarten vor?

Der heilige Gabriel – Fragen für clevere Spürnasen **KV 7**

Ihr habt die Legende zum heiligen Gabriel gelesen und die Arbeitsblätter geschafft? Dann seid ihr fit, um die Fragen für clevere Spürnasen zu bearbeiten und eure Antworten in ganzen Sätzen aufzuschreiben!

1. Der Name „Engel“ bedeutet ______________________________.

2. Manche Engel werden Erzengel genannt. Warum gibt es diese Unterscheidung?

   ____

   ____

3. Der heilige Gabriel ist der Engel der Verkündigung, und die Legende erzählt von drei Beispielen, in denen Gabriel eine wichtige Nachricht überbringt. Erzählt sie kurz in eigenen Worten!

   - Gabriel verkündet ______________________________
   - ______________________________
   - ______________________________

4. Führt den Satz zu Ende: „Auf manchen Bildern braucht Gabriel ______________________________

   ______________________________.“

5. Sucht folgende Wörter im Wörterbuch und notiert ihre Bedeutung!

   - Palast ______________________________
   - Bote ______________________________
   - schimmern ______________________________

6. Woran könnt ihr erkennen, dass es sich bei dem Bild „Die Verkündigung an Maria“ auch wirklich um den heiligen Erzengel Gabriel handelt?

   ____

   ____

   ____

7. Wisst ihr noch, was „ Attribute der Heiligen“ sind? Schreibt alle Attribute auf, die den heiligen Gabriel kennzeichnen!

   ____

   ____

   ____

Der heilige Gabriel – Fragen für ganz clevere Spürnasen KV 8

Recherchiert im Internet (zum Beispiel *www.heiligenlexikon.de*) oder in Büchern, fragt Eltern, Großeltern, Lehrer, Pfarrer oder Freunde!

1. Die Bibel nennt drei Erzengel mit Namen. Könnt ihr sie aufschreiben?

   ____

2. Sicher findet ihr die Bedeutung des Namens „Gabriel" heraus?

   ____

3. Das Fest der Erzengel wird am ______________ gefeiert, dies ist auch Gabriels Gedenktag.

4. Piero del Pollaiuolo hat das Bild „Die Verkündigung an Maria" gemalt. Er kam nicht aus

   Deutschland, sondern aus ______________, und er war wahrscheinlich nicht nur

   Maler, sondern auch ______________ und ______________.

5. Versucht, euch ein Bild vorzustellen: ein großes, wunderschönes Gemälde, und am unteren Bildrand befinden sich zwei kleine Engel, die ein bisschen verträumt oder sogar gelangweilt vor sich hinblicken ... Kommen euch diese Engel irgendwie bekannt vor? Sie gehören nämlich zu einem weltberühmten Gemälde, und vielleicht habt ihr ja eine Idee, welches gemeint sein könnte und wer es gemalt hat? Wenn ihr es gefunden habt, könnt ihr die beiden Engel hier einfügen!

   Künstler:

   ____

   ____

   Name des Bildes:

   ____

   ____

6. Bauernregeln sind alte Volkssprüche über das Wetter. Zu vielen Heiligen und ihren Gedenktagen gibt es eine Bauernregel. Findet ihr auch zu dem heiligen Gabriel einen Spruch?

   ____

   ____

7. Habt ihr selbst auch Engel oder Schutzengel, als Bild oder kleine Figur? Erzählt davon!

   ____

   ____

Der heilige Michael – die Legende

KV 1

Wer ist wie Gott?

Gut und Böse.
Himmel und Hölle.
Hell und Dunkel.
Einen Engel gibt es, der steht dazwischen:
zwischen Hell und Dunkel,
zwischen Himmel und Hölle,
zwischen Gut und Böse.

Sein Name bedeutet „Wer ist wie Gott?“, und es ist der heilige Michael.
Auf vielen Bildern sieht man ihn mit einem Schwert oder einer Lanze, groß, kraftvoll und stark.
Manchmal trägt er sogar eine Rüstung, und man erkennt, wie er auf einem Drachen steht oder gegen einen Drachen kämpft und versucht, ihn zu bezwingen.
Ist es ein Drache? Oder vielleicht ein Ungeheuer?

Auch mit zwei Waagschalen ist Michael auf vielen Bildern und Gemälden zu sehen.
Doch warum nur?
Was bedeutet diese sonderbare Frage „Wer ist wie Gott“?
Warum die Rüstung, das Schwert, das Ungeheuer?
Was soll denn die Waage?
Lauter spannende Fragen, denen wir auf den Grund gehen können!

Der heilige Michael – die Legende

KV 1

Der Name Engel bedeutet „Bote Gottes“. Manche Engel gelten als ganz besondere Boten und werden deswegen auch „Erzengel“ genannt. In der Bibel, diesem alten und spannenden Buch von Gott, den Menschen und ihrer Welt, werden drei Erzengel sogar mit Namen genannt: Gabriel, Raphael und Michael.
Gabriel bedeutet „Kraft Gottes“: Er ist der Erzengel, der den Menschen etwas verkündet und Wichtiges zu erzählen hat. „Gott heilt“ ist die Übersetzung für Raphael. Ihn finden wir im Buch Tobit des Alten Testaments: Dort begleitet und beschützt dieser Engel den Jungen Tobias auf einer langen Reise. Und noch einen Erzengel gibt es: den heiligen Michael.
Sein Name bedeutet „Wer ist wie Gott?“, und vielleicht verstehen wir diese seltsame Frage ein wenig besser, wenn wir uns die alte Geschichte von Michaels Kampf anschauen, von dem die Bibel erzählt. Michael, so heißt es dort, steht seit jeher nahe bei Gott und wurde von ihm ausgesandt, der Kämpfer für das Gute und gegen das Böse zu sein. Michael lässt nicht zu, dass sich das Böse ausbreitet. „Du bist nicht Gott“, ruft Michael dem Bösen zu oder anders: „Wer ist wie Gott? Du nicht, du Drache, du Ungeheuer, du Teufel!“ Und es muss wohl etwas Böses sein, wenn es so furchterregend aussieht und Michael dagegen ankämpft und versucht, es mit seinem Schwert oder seiner Lanze aus dem Licht des Himmels in das Dunkel der Nacht zu stürzen. Weißt du, wie dieser Kampf Michaels gegen das Böse genannt wird? Höllensturz!

Bekannt ist Michael auch als der Engel des Rechts und der Gerechtigkeit, und auf vielen Bildern hält er eine alte Waage mit zwei Schalen in der Hand. Viele Menschen dachten früher nämlich, dass er am Ende ihres Lebens ihre Taten abwägen und somit entscheiden würde, wer in das Himmelreich kommen darf. Kannst du dir vorstellen, dass die Menschen so etwas wirklich geglaubt haben?
Haben sie nicht gedacht, dass Gott alle Menschen liebt und bei sich aufnimmt, egal was sie geleistet oder nicht vollbracht haben?

Der heilige Michael ist also der Kämpfer gegen das Böse und der Seelenwäger. Er gilt auch noch als Schutzengel, der die Seelen der Verstorbenen in ein Leben nach dem Tod begleitet.

Der heilige Michael und seine Merkmale

KV 2

Bilder von Heiligen gibt es schon sehr lange, und schon immer haben Menschen überlegt: Wie können wir die Heiligen erkennen, wenn wir sie betrachten? Im Mittelalter kamen einige Künstler auf die Idee, den Namen des Heiligen als Inschrift auf ihr Kunstwerk zu schreiben. Das Problem war nur: Viele Leute konnten damals weder schreiben noch lesen! Und so fing man vor über 700 Jahren an, die Heiligen durch Kleidung und besondere Gegenstände oder Zeichen erkennbar zu machen. Diese Merkmale nennt man Attribute. Es gibt ganz allgemeine Attribute wie zum Beispiel ein Buch oder eine Palme, die man bei vielen Heiligen finden kann. Diese Attribute zeigen, was der Heilige bewirkt hat oder wie er gestorben ist. Darüber hinaus gibt es ganz besondere Attribute, die man nur bei wenigen Heiligen entdecken kann und durch die man auf die richtige Spur des Heiligen kommt.

Attribute des heiligen Michael

Ein Engel hat meist zwei Flügel, und so ist das auch bei Michael! Doch ihr könnt ihn noch an anderen Attributen gut erkennen: Fast immer wird er als Engel mit einem Schwert oder einer Lanze in der Hand gezeigt, oft trägt er eine Rüstung und manchmal sogar einen Ritterhelm – schließlich gilt er als Beschützer Gottes und Kämpfer gegen das Böse. Auf vielen Bildern könnt ihr erkennen, wie er auf einem Drachen steht oder gegen ihn kämpft – und so das Böse in die Hölle stürzt. Auch mit zwei Waagschalen ist Michael manchmal auf Bildern und Gemälden zu sehen, denn er gilt als „Seelenwäger“.

Aufgabe

Versucht, einige der Attribute des heiligen Michael hier darzustellen: Ihr dürft malen oder zeichnen, selbst gemachte Fotos einkleben oder Bilder aus dem Internet suchen!

Michael mit Engelsflügeln

Drache/Ungeheuer

Zwei Waagschalen

Der heilige Michael – ein berühmtes Bild! KV 3

Das Bild, das du hier siehst, zeigt den heiligen Michael und heißt „Der heilige Michael mit der Seelenwaage". Der Erzengel scheint auf etwas sehr Dunklem, Bösen, Unheimlichem zu stehen. Dennoch wirkt sein Gesicht weder ängstlich noch angespannt. Er selbst und vor allem sein Heiligenschein und seine großen Flügel leuchten in wunderschönen Farben. In seiner linken Hand hält Michael vorsichtig eine kleine Waage.

Der Künstler, der dieses Bild vor fast 600 Jahren mit Ölfarben auf Pappelholz gemalt hat, hieß Bartolomeo Vivarini. Bartolomeo war ein italienischer Künstler, der viele Ölbilder malte. Es heißt sogar, er habe das erste Ölbild in Venedig gemalt! Heute hängt das Bild mit dem heiligen Michael in der Gemäldegalerie in Berlin, und wenn du einmal dort bist, musst du es unbedingt anschauen, es lohnt sich!

Der heilige Michael und mein persönlicher Namenspatron KV 4

Heißt du vielleicht zufällig Michaela oder Michael? Dann wäre dein Namenspatron der heilige Michael, und sein Gedenktag wäre dein Namenstag. Falls du einen anderen Namen trägst: Hast auch du einen Namenspatron und kennst vielleicht sogar deinen Namenstag?

Mein Namenstag ist am: ______________________________

Hat dein Name eine Bedeutung? Kennst du sie oder kannst sie in Erfahrung bringen?

Mein Name bedeutet: ______________________________

____

Falls du einen Namenspatron hast: Mach dich auf die Suche und notiere auf einem extra Blatt in wenigen Sätzen seine Geschichte! Falls du keinen Namenspatron hast, darfst du dir den Namen eines Heiligen auswählen, der dir besonders gut gefällt – außer Michael, den kennen wir ja schon – und seine Legende erzählen. Recherchiere dafür im Internet oder frage Eltern, Großeltern, Lehrer, Pfarrer oder Freunde!

Kennst du noch weitere Heilige? Warst du vielleicht schon einmal in einem Museum oder in einer Kirche und hast auch dort Heilige entdeckt? Erzähle!

Der heilige Michael – mein schönstes Bild

KV 5

Höllensturz

Wen stürzt Michael ins Dunkel? Ist es ein Drache? Ein Ungeheuer? Ein Teufel?

Der heilige Michael – Fragen für clevere Spürnasen KV 7

Ihr habt die Legende zum heiligen Michael gelesen und die Arbeitsblätter geschafft? Dann seid ihr fit, um die Fragen für clevere Spürnasen zu bearbeiten und eure Antworten in ganzen Sätzen aufzuschreiben!

1. Der Name „Engel“ bedeutet ______________________________.

2. Manche Engel werden Erzengel genannt. Warum gibt es diese Unterscheidung?

____

____

3. In der Bibel werden drei Erzengel sogar mit Namen genannt – notiert sie!

____

4. Sicher kennt ihr die Bedeutung des Namens „Michael“?

____

5. Führt den Satz zu Ende: „Und es muss wohl etwas Böses sein, wenn

____

____

____

______________________________.“

6. Erzählt nochmals in eigenen Worten: Was dachten früher viele Menschen über das Ende ihres Lebens?

____

____

7. Wisst ihr noch, was „Attribute der Heiligen“ sind? Schreibt alle Attribute auf, die den heiligen Michael kennzeichnen!

____

____

____

8. Woran könnt ihr erkennen, dass es sich bei dem Bild „Der heilige Michael mit der Seelenwaage“ auch wirklich um den heiligen Erzengel Michael handelt?

____

____

Der heilige Michael – Fragen für ganz clevere Spürnasen **KV 8**

Recherchiert im Internet (zum Beispiel *www.heiligenlexikon.de*) oder in Büchern, fragt Eltern, Großeltern, Lehrer, Pfarrer oder Freunde!

1. Das Fest der Erzengel wird am ______________________ gefeiert, dies ist auch Michaels Gedenktag.

2. Bauernregeln sind alte Volkssprüche über das Wetter. Zu vielen Heiligen und ihren Gedenktagen gibt es eine Bauernregel. Findet ihr auch zu dem heiligen Michael einen Spruch?

3. Wie wird der Kampf Michaels gegen das Böse auch genannt?

4. Ein Attribut des heiligen Michaels ist die „Seelenwaage". Stellt euch vor, auch im alten Ägypten dachten viele Menschen, dass ihre Taten am Ende des Lebens von einem Unterweltgericht zuerst geprüft wurden und sie dann erst ins Jenseits durften. Auf vielen alten ägyptischen Bildern ist dieses Gericht dargestellt, und auch eine große Seelenwaage ist meist zu sehen. Könnt ihr herausfinden, was auf dieser Waage gegeneinander abgewogen wird und dies erklären?

5. Der heilige Michael – welche Gedanken zu ihm kommen euch in den Sinn?

6. Habt ihr selbst auch Engel oder Schutzengel, als Bild oder kleine Figur? Erzählt davon!

Der heilige Ulrich – die Legende

KV 1

Das riecht nach Fisch!

Möchtest du etwas über einen wirklichen Bischof erfahren, der vor über 1000 Jahren in der Stadt Augsburg gelebt hat?
Ulrich heißt dieser Bischof, und noch heute ist er vor allem bei den Augsburgern, aber auch bei vielen anderen Menschen, die ihn kennen oder von ihm gehört haben, sehr beliebt.

Warum wohl? Sicher, weil es eine so wundersame Geschichte um ihn und einen Fisch gibt.
Bestimmt, weil Ulrich ein so gerechter und freundlicher Bischof war. Und vielleicht auch, weil er ein ziemlich cleverer Mann war.

Wenn du einen Heiligen im Bischofsgewand, oft mit einem Buch und manchmal auch hoch zu Pferde in einer Schlacht auf einem Bild entdeckst, könnte das also unser Heiliger sein.

Wenn dieser Heilige noch irgendwo einen Fisch bei sich trägt, dann kannst du dir sicher sein: Das ist der heilige Ulrich!

Der heilige Ulrich – die Legende

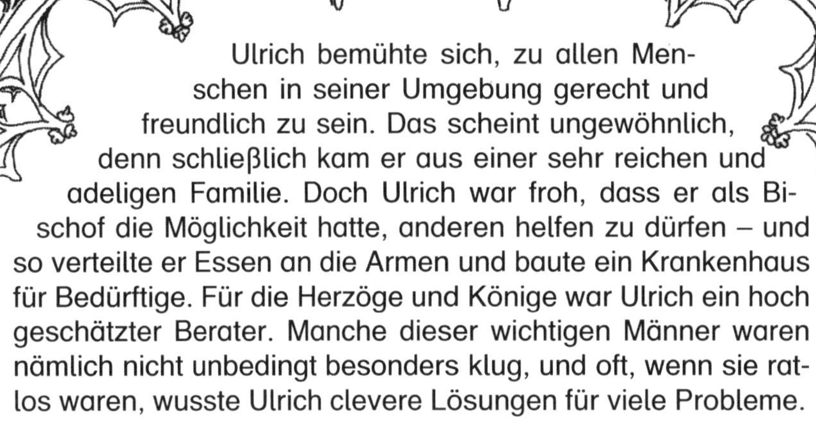

Ulrich bemühte sich, zu allen Menschen in seiner Umgebung gerecht und freundlich zu sein. Das scheint ungewöhnlich, denn schließlich kam er aus einer sehr reichen und adeligen Familie. Doch Ulrich war froh, dass er als Bischof die Möglichkeit hatte, anderen helfen zu dürfen – und so verteilte er Essen an die Armen und baute ein Krankenhaus für Bedürftige. Für die Herzöge und Könige war Ulrich ein hoch geschätzter Berater. Manche dieser wichtigen Männer waren nämlich nicht unbedingt besonders klug, und oft, wenn sie ratlos waren, wusste Ulrich clevere Lösungen für viele Probleme.

Als er Bischof von Augsburg wurde, baute er zunächst den Augsburger Dom und eine Schule, gründete Klöster und half bei der Renovierung und dem Wiederaufbau zerstörter Kirchen. Denn vieles war in den Jahren vor seiner Amtszeit bei Angriffen zerstört worden. Ulrich hatte eine Idee: „Wir bauen eine feste Mauer um die Stadt, sodass Feinde nicht mehr so leicht eindringen können und wir in Sicherheit sind!“ Ganz schön clever, nicht wahr? Und wirklich gab es in Augsburg eine große Schlacht: „die Schlacht auf dem Lechfeld“! Da die errichtete Mauer standhielt und Ulrich den Bewohnern beistand, konnten die Feinde von König Otto und seinen Truppen besiegt werden.

Euch interessiert noch der Fisch? Der Legende nach bekam Ulrich einmal an einem Donnerstag Besuch von seinem Freund, dem Bischof von Konstanz. Natürlich lud Ulrich seinen Freund zum Abendessen ein, doch vor lauter Erzählen und Diskutieren vergaßen die beiden Männer ganz das leckere Essen und bemerkten nicht, dass es längst Morgen geworden und der Freitag angebrochen war. Da kam ein Bote des Herzogs mit einem Brief für Ulrich. Dieser gab ihm zum Dank ein großes Stück Fleisch mit auf die Heimreise – er hatte ja noch nicht bemerkt, dass es schon Freitag geworden war. Denn am Freitag war es streng verboten, Fleisch zu essen, nur Fisch war als Speise erlaubt. Der Bote eilte zu seinem Herzog und wollte über Ulrich schimpfen und mit dem Stück Fleisch beweisen, dass dieser gar kein guter Bischof wäre, doch als er zu Hause das Fleisch zeigen wollte, hatte es sich zu seiner Beschämung in einen Fisch verwandelt!

Der heilige Ulrich und seine Merkmale — KV 2

Bilder von Heiligen gibt es schon sehr lange, und schon immer haben Menschen überlegt: Wie können wir die Heiligen erkennen, wenn wir sie betrachten? Im Mittelalter kamen einige Künstler auf die Idee, den Namen des Heiligen als Inschrift auf ihr Kunstwerk zu schreiben. Das Problem war nur: Viele Leute konnten damals weder schreiben noch lesen! Und so fing man vor über 700 Jahren an, die Heiligen durch Kleidung und besondere Gegenstände oder Zeichen erkennbar zu machen. Diese Merkmale nennt man Attribute. Es gibt ganz allgemeine Attribute wie zum Beispiel ein Buch oder eine Palme, die man bei vielen Heiligen finden kann. Diese Attribute zeigen, was der Heilige bewirkt hat oder wie er gestorben ist. Darüber hinaus gibt es ganz besondere Attribute, die man nur bei wenigen Heiligen entdecken kann und durch die man auf die richtige Spur des Heiligen kommt.

Attribute des heiligen Ulrich

Oft wird er im Bischofsgewand oder mit einem Buch (der Bibel) gezeigt – schließlich war er Bischof von Augsburg, und die Bibel ist ein allgemeines Attribut, das viele Heilige kennzeichnet. Auf vielen Bildern ist Ulrich hoch zu Pferde in einer Schlacht zu sehen – die „Schlacht auf dem Lechfeld“ war ein wichtiges Ereignis in seinem Leben. Und wenn ihr die Legende um den Fisch gelesen habt, könnt ihr euch sicher vorstellen, an welchem Attribut man Ulrich besonders gut erkennen kann: an einem Fisch!

Aufgabe

Versucht, die Attribute des heiligen Ulrich hier darzustellen. Ihr dürft malen oder zeichnen, selbst gemachte Fotos einkleben oder Bilder aus dem Internet suchen!

Bischofsgewand	*Buch*
Mit dem Pferd in der Schlacht	*Fisch*

Der heilige Ulrich – ein berühmtes Bild! KV 3

Das Bild, das den heiligen Ulrich zeigt, heißt natürlich auch „Der heilige Ulrich" und zeigt ihn mit einem wichtigen Merkmal: dem Fisch! Hans Burgkmair d. Ä. (‚der Ältere') hat es vor über 400 Jahren in Augsburg gemalt, und vielleicht ist es interessant zu erfahren, dass er dieses Gemälde mit Ölfarben auf Nadelholz gemalt hat. Es ist über einen Meter hoch und Teil eines noch größeren Kunstwerkes: „Der heilige Ulrich" ist nämlich auf die Außenseite eines Flügelaltares gemalt und war ursprünglich für eine Kirche gedacht. Heute hängt das Bild in der Gemäldegalerie in Berlin. Wenn du einmal dort bist, musst du es unbedingt anschauen, es lohnt sich!

Der heilige Ulrich und mein persönlicher Namenspatron KV 4

Heißt du vielleicht zufällig Ulrich? Dann wäre dein Namenspatron der heilige Ulrich, und sein Gedenktag wäre dein Namenstag. Falls du einen anderen Namen trägst: Hast auch du einen Namenspatron und kennst vielleicht sogar deinen Namenstag?

Mein Namenstag ist am: ______________________________

Hat dein Name eine Bedeutung? Kennst du sie oder kannst sie in Erfahrung bringen?

Mein Name bedeutet: ______________________________

____

Falls du einen Namenspatron hast: Mach dich auf die Suche und notiere auf einem extra Blatt in wenigen Sätzen seine Geschichte! Falls du keinen Namenspatron hast, darfst du dir den Namen eines Heiligen – außer Ulrich, den kennen wir ja schon – auswählen, der dir besonders gut gefällt und seine Legende erzählen. Recherchiere dafür im Internet oder frage Eltern, Großeltern, Lehrer, Pfarrer oder Freunde!

Kennst du noch weitere Heilige? Warst du vielleicht schon einmal in einem Museum oder in einer Kirche und hast auch dort Heilige entdeckt? Erzähle!

Der heilige Ulrich – mein schönstes Bild

KV 5

Der heilige Ulrich – Fische überall

KV 6

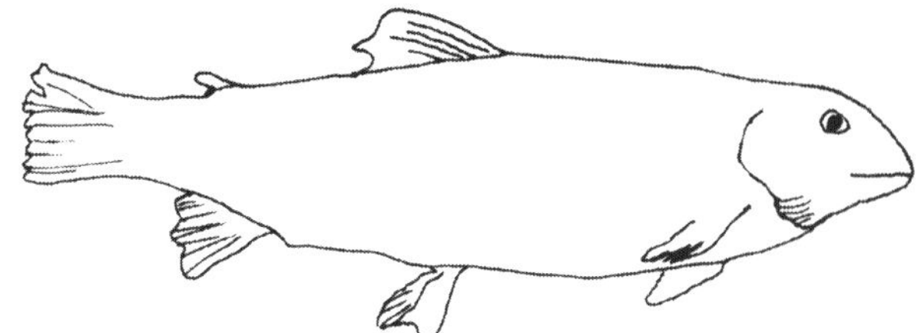

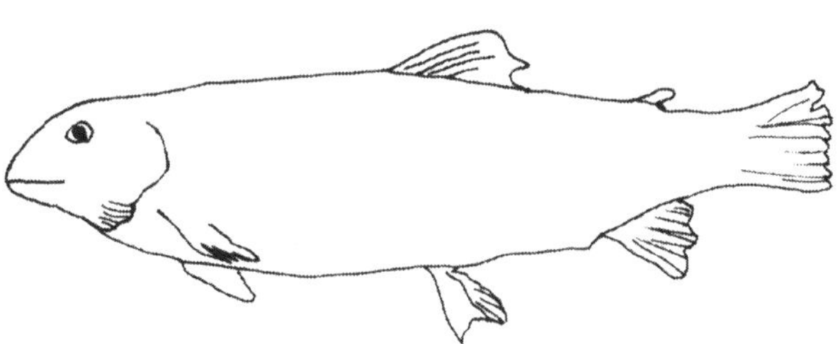

Aus Fleisch wird Fisch!

Überall Fische: große, kleine, dicke, bunte! Klar, denn ein wichtiges Erkennungszeichen für den heiligen Ulrich ist ja der Fisch!

Der heilige Ulrich – Fragen für clevere Spürnasen KV 7

Ihr habt die Legende zum heiligen Ulrich gelesen und die Arbeitsblätter geschafft? Dann seid ihr fit, um die Fragen für clevere Spürnasen zu bearbeiten und eure Antworten in ganzen Sätzen aufzuschreiben!

1. In welcher Stadt lebte der heilige Ulrich vor über 1000 Jahren?

2. Ulrich kümmerte sich nicht nur um die Sorgen seiner Mitmenschen, er war auch ein hoch geschätzter Berater – warum?

3. Beschreibt Ulrichs Idee, die Stadt vor einem Angriff zu schützen!

4. Führt den Satz zu Ende: „Denn am Freitag ______ ."

5. Erzählt nochmals in eigenen Worten: Was hat es mit der Legende um den Fisch auf sich?

6. Woran könnt ihr erkennen, dass es sich bei dem Originalbild „Der heilige Ulrich" auch wirklich um den heiligen Ulrich handelt?

7. Wer hat das Bild gemalt, wann war das und wo befindet es sich heute?

8. Wisst ihr noch was „Attribute der Heiligen" sind? Schreibt alle Attribute auf, die den heiligen Ulrich kennzeichnen!

Der heilige Ulrich – Fragen für ganz clevere Spürnasen KV 8

Recherchiert im Internet (zum Beispiel *www.heiligenlexikon.de*) oder in Büchern, fragt Eltern, Großeltern, Lehrer, Pfarrer oder Freunde!

1. Der heilige Ulrich – ergänzt die Angaben!

   geboren: ______________ gestorben: ______________

   Gedenktag: ______________

2. Was bedeutet der Name „Ulrich"?

   ____

3. Bauernregeln sind alte Volkssprüche über das Wetter. Zu vielen Heiligen und ihren Gedenktagen gibt es eine Bauernregel. Findet ihr auch über den heiligen Ulrich einen Spruch?

   ____

   ____

4. Erklärt noch einmal: Was war die Schlacht auf dem Lechfeld, wann fand sie statt und was hat Ulrich mit ihr zu tun?

   ____

   ____

   ____

5. In Wittislingen, Ulrichs Geburtsort, gibt es das tägliche „Ulrichsläuten", das einmalig auf der Welt ist. Könnt ihr es erklären?

   ____

   ____

   ____

6. Hans Burgkmair d. Ä. hat das Bild „Der heilige Ulrich" gemalt. Er war damals ein bedeutender Maler, Zeichner und Holzschneider. 1473 wurde er in Augsburg geboren, und hier starb er auch.

   Wann war das? ______________

7. Der heilige Ulrich – was denkt ihr über diesen Heiligen? Sprecht gemeinsam und notiert eure Meinung!

   ____

   ____

   ____

Die heilige Katharina von Alexandrien – die Legende **KV 1**

Das zerbrochene Rad

Der heilige Nikolaus, die heilige Maria, die Heiligen Drei Könige – bestimmt kennst du viele Namen von Heiligen. Und du weißt vielleicht, dass es manche Heilige auch wirklich gab. Bei vielen heiligen Figuren wissen wir allerdings nur wenig: Gab es sie wirklich? Wann haben sie gelebt? Sind sie für ihren Glauben gestorben? Oder sind es ganz besondere Menschen, deren Geschichten uns viel zu erzählen haben, die aber gar nicht wirklich gelebt haben?

Heilige werden auf vielen Bildern mit den unterschiedlichsten Merkmalen dargestellt. Hast du schon einmal eine Heilige mit einem zerbrochenen oder ganzen, hölzernen Rad entdeckt? Vielleicht noch mit einem Buch, einem Schwert, einer Krone oder gar einem Palmzweig? Oder sogar mit einem Ring? Dann kannst du sicher sein: Das war die heilige Katharina von Alexandrien.
Heilige, die für ihren Glauben starben, nennt man Märtyrer. Sie wurden oder werden oft mit einem Palmzweig oder einer Krone dargestellt, das ist also gar nicht so ungewöhnlich. Und auch ein Buch ist nicht unbedingt etwas Besonderes, schließlich gab es viele Heilige, die belesen und gebildet waren.

Doch was hat es mit dem Ring, dem Schwert und dem Rad bei Katharina auf sich?
Das herauszufinden ist eine spannende Angelegenheit. Genauso spannend ist auch, dass alle Legenden von Katharina berichten, sie solle zur Zeit des Königs Costos gelebt haben. Doch stell dir vor: Einen ägyptischen König Costos hat es nie gegeben!

Die heilige Katharina von Alexandrien – die Legende

KV 1

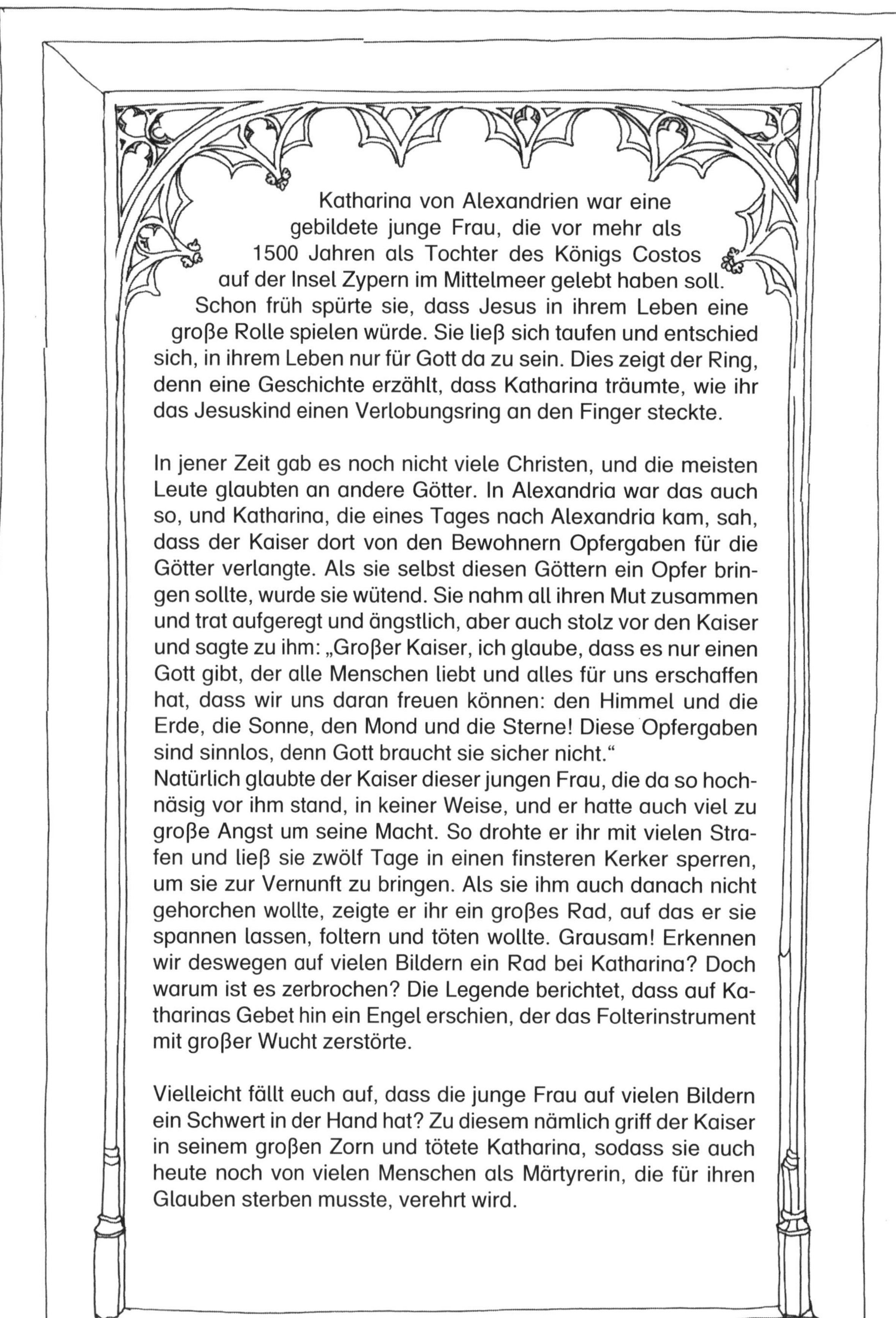

Katharina von Alexandrien war eine gebildete junge Frau, die vor mehr als 1500 Jahren als Tochter des Königs Costos auf der Insel Zypern im Mittelmeer gelebt haben soll. Schon früh spürte sie, dass Jesus in ihrem Leben eine große Rolle spielen würde. Sie ließ sich taufen und entschied sich, in ihrem Leben nur für Gott da zu sein. Dies zeigt der Ring, denn eine Geschichte erzählt, dass Katharina träumte, wie ihr das Jesuskind einen Verlobungsring an den Finger steckte.

In jener Zeit gab es noch nicht viele Christen, und die meisten Leute glaubten an andere Götter. In Alexandria war das auch so, und Katharina, die eines Tages nach Alexandria kam, sah, dass der Kaiser dort von den Bewohnern Opfergaben für die Götter verlangte. Als sie selbst diesen Göttern ein Opfer bringen sollte, wurde sie wütend. Sie nahm all ihren Mut zusammen und trat aufgeregt und ängstlich, aber auch stolz vor den Kaiser und sagte zu ihm: „Großer Kaiser, ich glaube, dass es nur einen Gott gibt, der alle Menschen liebt und alles für uns erschaffen hat, dass wir uns daran freuen können: den Himmel und die Erde, die Sonne, den Mond und die Sterne! Diese Opfergaben sind sinnlos, denn Gott braucht sie sicher nicht."
Natürlich glaubte der Kaiser dieser jungen Frau, die da so hochnäsig vor ihm stand, in keiner Weise, und er hatte auch viel zu große Angst um seine Macht. So drohte er ihr mit vielen Strafen und ließ sie zwölf Tage in einen finsteren Kerker sperren, um sie zur Vernunft zu bringen. Als sie ihm auch danach nicht gehorchen wollte, zeigte er ihr ein großes Rad, auf das er sie spannen lassen, foltern und töten wollte. Grausam! Erkennen wir deswegen auf vielen Bildern ein Rad bei Katharina? Doch warum ist es zerbrochen? Die Legende berichtet, dass auf Katharinas Gebet hin ein Engel erschien, der das Folterinstrument mit großer Wucht zerstörte.

Vielleicht fällt euch auf, dass die junge Frau auf vielen Bildern ein Schwert in der Hand hat? Zu diesem nämlich griff der Kaiser in seinem großen Zorn und tötete Katharina, sodass sie auch heute noch von vielen Menschen als Märtyrerin, die für ihren Glauben sterben musste, verehrt wird.

Die heilige Katharina von Alexandrien und ihre Merkmale — KV 2

Bilder von Heiligen gibt es schon sehr lange, und schon immer haben Menschen überlegt: Wie können wir die Heiligen erkennen, wenn wir sie betrachten? Im Mittelalter kamen einige Künstler auf die Idee, den Namen des Heiligen als Inschrift auf ihr Kunstwerk zu schreiben. Das Problem war nur: Viele Leute konnten damals weder schreiben noch lesen! Und so fing man vor über 700 Jahren an, die Heiligen durch Kleidung und besondere Gegenstände oder Zeichen erkennbar zu machen. Diese Merkmale nennt man Attribute. Es gibt ganz allgemeine Attribute wie zum Beispiel ein Buch oder eine Palme, die man bei vielen Heiligen finden kann. Diese Attribute zeigen, was der Heilige bewirkt hat oder wie er gestorben ist. Darüber hinaus gibt es ganz besondere Attribute, die man nur bei wenigen Heiligen entdecken kann und durch die man auf die richtige Spur des Heiligen kommt.

Attribute der heiligen Katharina von Alexandrien

Bei Katharina könnt ihr auf vielen Bildern mehrere allgemeine Attribute entdecken: ein Buch, ein Schwert, eine Krone oder auch einen Palmzweig. Diese Merkmale deuten darauf hin, dass Katharina sehr belesen war und für ihren Glauben gestorben ist. Oft wird sie mit einem Ring gezeigt, der auf die Nähe zu Jesus hinweisen soll. Das eindeutigste Attribut bei der heiligen Katharina ist allerdings das hölzerne Rad, durch das sie gefoltert wurde und sterben sollte. Man sieht es auf fast allen Bildern.

Aufgabe

Wählt euch neben dem Rad noch ein weiteres Attribut der heiligen Katharina aus und versucht, die beiden Merkmale hier dazustellen: Ihr dürft malen oder zeichnen, selbst gemachte Fotos einkleben oder Bilder aus dem Internet suchen!

Die heilige Katharina – ein berühmtes Bild! KV 3

Das Bild, das du hier siehst, zeigt Katharina von Alexandrien und heißt auch „Die heilige Katharina". Man sieht Katharina in einem wunderschönen Gewand auf einem Weg stehen. Ein Rad ist zu erkennen. Allerdings ist dieses Bild nur ein Teil von einem größeren Kunstwerk: Es ist nämlich auf die linke Seite eines Flügelaltares gemalt. In der Mitte sieht man die Heiligen Drei Könige, wie sie das Jesuskind anbeten, und außen rechts findet man ein Bild der heiligen Barbara. Seltsame Kombination, nicht wahr? Solch einen Flügelaltar nennt man auch Triptychon, und der Künstler hat einige solcher Kunstwerke gemalt. Er hieß Joos van Cleve und war vor ungefähr 500 Jahren ein berühmter niederländischer Maler. Dieses Bild hat er um 1520 gemalt, und heute hängt es in der Gemäldegalerie in Berlin. Wenn du einmal dort bist, musst du es unbedingt anschauen, es lohnt sich!

Die heilige Katharina und mein persönlicher Namenspatron KV 4

Heißt du vielleicht zufällig Katharina oder Katrin? Dann wäre dein Namenspatron die heilige Katharina, und ihr Gedenktag wäre dein Namenstag. Falls du einen anderen Namen trägst: Hast auch du einen Namenspatron und kennst vielleicht sogar deinen Namenstag?

Mein Namenstag ist am: ______________________________

Hat dein Name eine Bedeutung? Kennst du sie oder kannst sie in Erfahrung bringen?

Mein Name bedeutet: ______________________________

____

Falls du einen Namenspatron hast: Mach dich auf die Suche und notiere auf einem extra Blatt in wenigen Sätzen seine Geschichte! Falls du keinen Namenspatron hast, darfst du dir den Namen eines Heiligen auswählen, der dir besonders gut gefällt – außer Katharina, die kennen wir ja schon – und seine Legende erzählen. Recherchiere dafür im Internet oder frage Eltern, Großeltern, Lehrer, Pfarrer oder Freunde!

Kennst du noch weitere Heilige? Warst du vielleicht schon einmal in einem Museum oder in einer Kirche und hast auch dort Heilige entdeckt? Erzähle!

Die heilige Katharina – mein schönstes Bild

KV 5

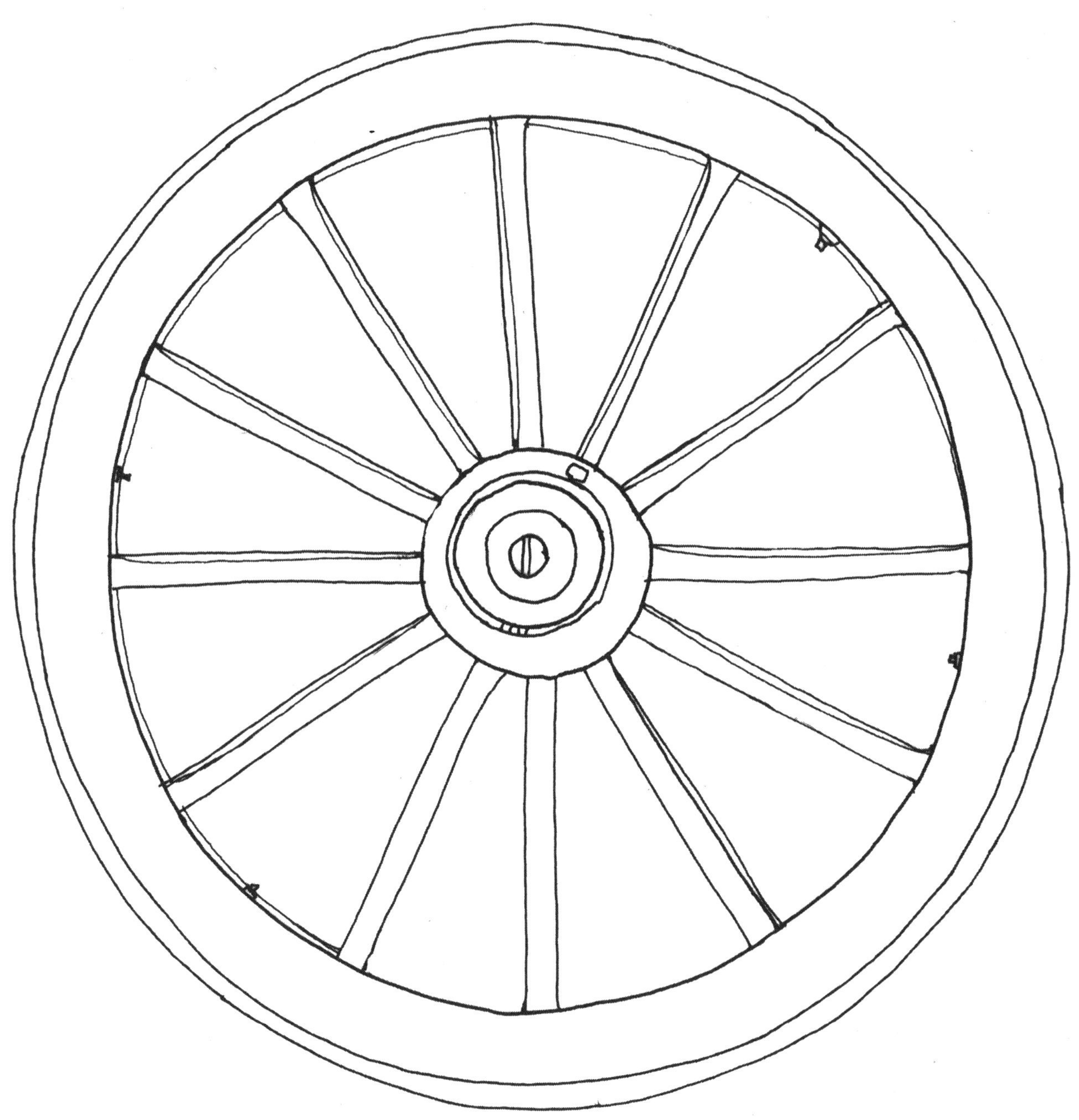

Zur Mitte kommen

Nimm dir Zeit, zur Mitte zu kommen und gestalte das Rad!

Die heilige Katharina – Fragen für clevere Spürnasen **KV 7**

Ihr habt die Legende zur heiligen Katharina gelesen und die Arbeitsblätter geschafft? Dann seid ihr fit, um die Fragen für clevere Spürnasen zu bearbeiten und eure Antworten in ganzen Sätzen aufzuschreiben!

1. Katharina von Alexandrien war eine Heilige, die für ihren Glauben sterben musste. Wie nennt man solche Heilige und durch welche Merkmale werden sie oft gekennzeichnet?

   ____

2. Bei der heiligen Katharina ist nicht sicher, ob es sie auch wirklich gab. So gibt es zum Beispiel eine Ungereimtheit:

   ____

   ____

3. Führt den Satz zu Ende: „Großer Kaiser“, sprach sie, „ich ______________________________

   ____

   ______________________________!“

4. Sucht folgende Wörter im Wörterbuch und notiert ihre Bedeutung!

   - hochnäsig ______________________________
   - foltern ______________________________

5. Welche Heiligen kennt ihr? Fallen euch vielleicht noch zwei oder drei weitere ein?

   ____

6. Wisst ihr noch, was „Attribute der Heiligen“ sind? Schreibt alle Attribute auf, die die heilige Katharina von Alexandrien kennzeichnen!

   ____

   ____

7. Woran könnt ihr erkennen, dass es sich bei dem Bild „Die heilige Katharina“ auch wirklich um die heilige Katharina von Alexandrien handelt?

   ____

   ____

8. Wer hat das Bild gemalt, wann war das und wo befindet es sich heute?

   ____

   ____

   ____

Die heilige Katharina – Fragen für ganz clevere Spürnasen KV 8

Recherchiert im Internet (zum Beispiel *www.heiligenlexikon.de*) oder in Büchern, fragt Eltern, Großeltern, Lehrer, Pfarrer oder Freunde!

1. Katharina von Alexandrien ist eine bekannte Heilige. Notiert ihren Gedenktag!

2. Findet ihr auch die Bedeutung des Namens „Katharina“ heraus?

3. Die heilige Katharina von Alexandrien wird manchmal mit einer anderen „heiligen Katharina“ verwechselt. Macht euch auf die Suche nach deren vollständigem Namen und ihrem Gedenktag!

4. Bauernregeln sind alte Volkssprüche über das Wetter. Zu vielen Heiligen gibt es eine Bauernregel, zur heiligen Katharina sind es unzählige. Notiert euch den Spruch, der euch am besten gefällt!

5. „Die drei heiligen Madl“ sind Katharina, Margareta und Barbara. Welchen volkstümlichen Merkspruch gibt es zu diesen drei Heiligen?

6. Margareta, Katharina und Barbara gehören auch zu einer Gruppe von 14 Heiligen, die „die 14 Nothelfer“ genannt werden. Findet ihr alle 14 Namen der Heiligen, die zu diesen Nothelfern gehören? Vielleicht kennt ihr sogar schon manche von ihnen?

7. Die heilige Katharina von Alexandrien – welche Gedanken zu ihr kommen euch in den Sinn? Sprecht gemeinsam und schreibt auf!

Der heilige Christophorus – die Legende

Die Last der ganzen Welt

Es gibt ein Bild eines Heiligen, das du bestimmt schon einmal gesehen hast – als Anhänger im Auto oder am Schlüsselbund, als kleines Bild oder großes Gemälde. Es zeigt einen großen Mann, der – auf einen Stab gestützt – einen Fluss durchschreitet und das kleine Jesuskind auf seinen Schultern trägt.

Kommt es dir bekannt vor? Es ist der heilige Christophorus.

Bei Christophorus ist es relativ sicher, dass es diesen Menschen wohl nie wirklich gab, aber stell dir vor: Die Legenden, die von Christophorus berichten, sind zum Teil schon über 2000 Jahre alt. Viele Geschichten über ihn wurden über die Jahrhunderte vermischt und manches wurde verwechselt, Übersetzungsfehler aus fremden Sprachen schlichen sich ein, und so ist es manchmal gar nicht so einfach, ein klares Bild von Christophorus zu bekommen.

Die Legenda aurea, ein altes Buch, das von vielen Heiligen berichtet, erzählt auch von Christophorus. Dort heißt es, er sei zwölf Ellen groß gewesen! Das sind fast zehn Meter – ein richtiger Riese! So hoch wie ein Segelschiff? Größer als ein Haus? Welche Schuhgröße er dann wohl hatte?

Der heilige Christophorus – die Legende

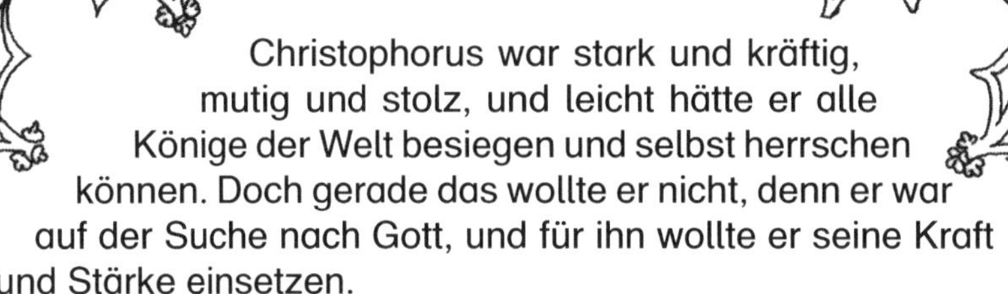

Christophorus war stark und kräftig, mutig und stolz, und leicht hätte er alle Könige der Welt besiegen und selbst herrschen können. Doch gerade das wollte er nicht, denn er war auf der Suche nach Gott, und für ihn wollte er seine Kraft und Stärke einsetzen.

Er machte sich auf eine Reise, und die Legende berichtet, dass er eines Tages einen Einsiedler traf. Ihn fragte er um Rat: „Was meinst du, wie kann ich Gott finden und ihm am besten dienen?" Der Einsiedler sprach: „Bestimmt möchte Gott, dass du ihm gehorchst, dass du oft fastest und viel zu ihm betest." Christophorus war nicht wirklich begeistert: Fasten wollte er nicht, um seine Kraft nicht zu verlieren, und zum Beten hatte er keine Lust. „Vielleicht", fragte er sich und den Einsiedler, „möchte Gott ja viel eher, dass ich das tue, was ich besonders gut kann?" „Da könntest du recht haben", meinte der alte Mann, „du bist groß und stark! Hier unten im Tal ist ein Fluss, über den es weder eine Brücke gibt noch ein Boot, das hinüberfährt. Werde also Fährmann und hilf allen Menschen hinüber." „Das kann und will ich gerne tun", freute sich Christophorus. Er nahm eine lange Stange, auf die er sich im Wasser stützte und trug alle Menschen, die zu ihm kamen, jahrein, jahraus auf seinen starken Schultern über den Fluss.

Eines Tages kam ein kleiner Junge zum Ufer und bat, ihn hinüberzutragen. Christophorus nahm ihn auf seine Schultern, ergriff seinen Stab und stieg in den Fluss, um ihn zu überqueren. Doch das Wasser stieg plötzlich immer höher, und das kleine Kind wurde schwerer und schwerer. Christophorus bekam so große Angst, dass er um sein Leben fürchtete und am liebsten umgekehrt wäre. Er musste alle Kraft zusammennehmen und erreichte gerade noch das andere Ufer. „Kleines Kind", rief Christophorus erschöpft und außer Atem, „ich dachte, ich trage die Last der ganzen Welt auf meinen Schultern, so schwer bist du mir geworden!" „Christophorus, du hast recht", sprach das Kind, „denn auch ich trage auf meinen Schultern die Last der ganzen Welt, und heute hast du mir dabei geholfen." Vielleicht verstand Christophorus in diesem Augenblick, wer ihm da an seinem Fluss begegnet war.

Der heilige Christophorus und seine Merkmale — KV 2

Bilder von Heiligen gibt es schon sehr lange, und schon immer haben Menschen überlegt: Wie können wir die Heiligen erkennen, wenn wir sie betrachten? Im Mittelalter kamen einige Künstler auf die Idee, den Namen des Heiligen als Inschrift auf ihr Kunstwerk zu schreiben. Das Problem war nur: Viele Leute konnten damals weder schreiben noch lesen! Und so fing man vor über 700 Jahren an, die Heiligen durch Kleidung und besondere Gegenstände oder Zeichen erkennbar zu machen. Diese Merkmale nennt man Attribute. Es gibt ganz allgemeine Attribute wie zum Beispiel ein Buch oder eine Palme, die man bei vielen Heiligen finden kann. Diese Attribute zeigen, was der Heilige bewirkt hat oder wie er gestorben ist. Darüber hinaus gibt es ganz besondere Attribute, die man nur bei wenigen Heiligen entdecken kann und durch die man auf die richtige Spur des Heiligen kommt.

Attribute des heiligen Christophorus

Den heiligen Christophorus kann man eindeutig erkennen, wenn man seine Legende kennt.
Auf den allermeisten Bildern und Gemälden, die es von ihm gibt, ist er als großer, starker Mann zu sehen, der das Jesuskind auf seinen Schultern trägt. Fast immer überquert Christophorus dabei einen Fluss und stützt sich auf einen großen Stab oder Baumstamm. Das Jesuskind wird manchmal mit einer Kugel, die es in der Hand trägt, dargestellt – so, als halte es die ganze Welt in Händen.

Aufgabe

Versucht, den heiligen Christophorus hier darzustellen: als großen Mann mit einem Stab, der das Jesuskind auf seinen Schultern trägt und dabei einen Fluss überquert!
Ihr dürft malen oder zeichnen, selbst gemachte Fotos einkleben oder Bilder aus dem Internet suchen!

Der heilige Christophorus – ein berühmtes Bild! KV 3

Das Bild, das du hier siehst, heißt „Der heilige Christophorus" und zeigt ihn als einen starken, großen Mann mit einem langen Stab, der einen Fluss durchschreitet und ein Kind auf seinen Schultern trägt. Die beiden schauen sich an. Gemalt hat dieses Bild Lorenzo Lotto. Lustiger Name, nicht wahr? Lorenzo lebte vor ungefähr 500 Jahren in Italien, und man weiß heute nicht mehr ganz genau, wann er geboren oder auch gestorben ist. Auch, wann er das Bild mit Christophorus gemalt hat, ist nicht mehr herauszufinden. Aber wenn wir es genau betrachten, können wir erkennen, dass es auf eine große Leinwand gemalt wurde. Heute hängt dieses Kunstwerk in der Gemäldegalerie in Berlin. Wenn du einmal dort bist, musst du es unbedingt anschauen, es lohnt sich!

Der heilige Christophorus und mein persönlicher Namenspatron KV 4

Heißt du vielleicht zufällig Christoph oder Christopher? Dann wäre dein Namenspatron der heilige Christophorus, und sein Gedenktag wäre dein Namenstag. Falls du einen anderen Namen trägst: Hast auch du einen Namenspatron und kennst vielleicht sogar deinen Namenstag?

Mein Namenstag ist am: ______________________________

Hat dein Name eine Bedeutung? Kennst du sie oder kannst sie in Erfahrung bringen?

Mein Name bedeutet: ______________________________

____

Falls du einen Namenspatron hast: Mach dich auf die Suche und notiere auf einem extra Blatt in wenigen Sätzen seine Geschichte! Falls du keinen Namenspatron hast, darfst du dir den Namen eines Heiligen auswählen, der dir besonders gut gefällt – außer Christophorus, den kennen wir ja schon – und seine Legende erzählen. Recherchiere dafür im Internet oder frage Eltern, Großeltern, Lehrer, Pfarrer oder Freunde!

Kennst du noch weitere Heilige? Warst du vielleicht schon einmal in einem Museum oder in einer Kirche und hast auch dort Heilige entdeckt? Erzähle!

Der heilige Christophorus – mein schönstes Bild

Der heilige Christophorus – Ab in die Lüfte

KV 6

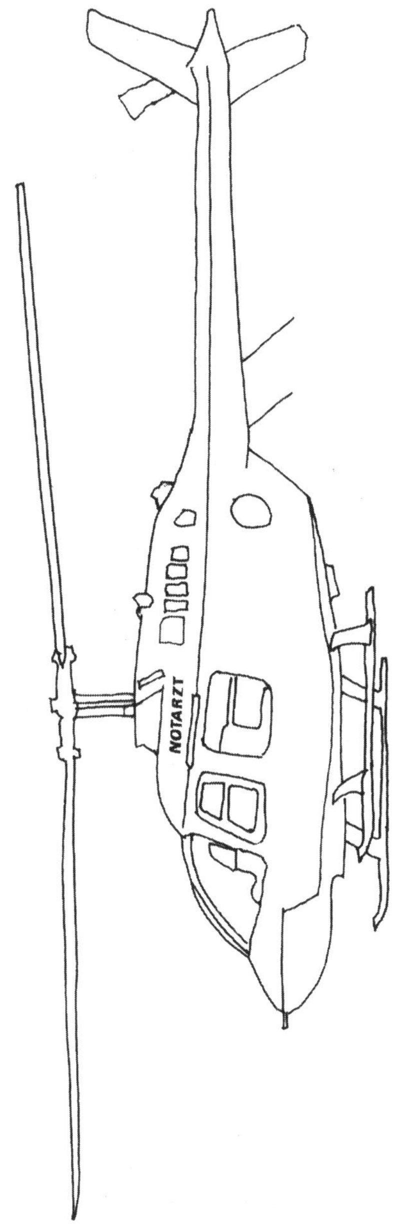

Ab in die Lüfte

In Deutschland heißen alle Rettungshubschrauber „Christoph“ und sind nach dem heiligen Christophorus benannt, dem Schutzpatron der Reisenden. Male den „Christoph“ aus und gestalte dein Bild!

Der heilige Christophorus – Fragen für clevere Spürnasen KV 7

Ihr habt die Legende zum heiligen Christophorus gelesen und die Arbeitsblätter geschafft? Dann seid ihr fit, um die Fragen für clevere Spürnasen zu bearbeiten und eure Antworten in ganzen Sätzen aufzuschreiben!

1. Der heilige Christophorus ist ein sehr bekannter Heiliger. Wie wird er meist dargestellt?

____

____

2. Die Legende berichtet, Christophorus sei zwölf Ellen groß gewesen – wie groß ist das denn? Und welche Schuhgröße hatte er dann wohl?

   So groß war Christophorus in Metern gerechnet: ______________________

   Seine Schuhgröße betrug: ______________________

3. Erzählt in eigenen Worten: Warum wollte Christophorus nicht selbst herrschen?

____

____

4. Christophorus tut das, was er besonders gut kann. Führt den Satz zu Ende:

   „Er nahm ______________________________________

____

____."

5. Sucht folgende Wörter im Wörterbuch und notiert ihre Bedeutung!

   - Einsiedler ______________________
   - Fährmann ______________________

6. Warum baute dieser große Mann nicht einfach eine Brücke oder ein Boot? Überlegt gemeinsam und notiert eure Gedanken!

____

____

7. Wisst ihr noch, was „Attribute der Heiligen" sind? Schreibt alle Attribute auf, die den heiligen Christophorus kennzeichnen!

____

____

8. Der heilige Christophorus – welche Gedanken zu ihm kommen euch in den Sinn?

____

____

Der heilige Christophorus – Fragen für ganz clevere Spürnasen KV 8

Recherchiert im Internet (zum Beispiel *www.heiligenlexikon.de*) oder in Büchern, fragt Eltern, Großeltern, Lehrer, Pfarrer oder Freunde!

1. Christophorus ist ein bekannter Heiliger. Findet ihr seinen Gedenktag und die Bedeutung seines Namens heraus?

2. Häufig wird Christophorus mit anderen Heiligen genannt, denn er gehört zu den „14 Nothelfern". Findet ihr alle 14 Namen heraus? Vielleicht kennt ihr sogar schon manche Heilige von ihnen?

3. Viele Legenden ranken sich um Christophorus, und die „Christusträgerlegende" ist sicherlich die bekannteste. Eine noch ältere Geschichte erzählt von einem Riesen mit Hundekopf, der erst durch die Taufe den Namen Christophorus erhielt. Wie wurde dieses „Ungeheuer" davor genannt?

4. Die eigentliche „Christusträgerlegende" wurde das erste Mal in der „Legenda aurea" aufgeschrieben. Was ist denn die „Legenda aurea" und wer hat sie geschrieben?

5. In Deutschland heißen alle Rettungshubschrauber „Christoph", und ihr Funkrufname lautet „Christoph + Kennzahl". „Christoph 2" zum Beispiel hat sein Einsatzgebiet in Frankfurt am Main. Welche Stadt oder Region ist das Einsatzgebiet von „Christoph 1"?

6. Und welcher „Christoph" ist für euer Gebiet zu Hause zuständig?

7. Christophorus durchquert jahrein, jahraus seinen Fluss. Nennt fünf große Flüsse in Deutschland!

Es sind Rosen!

„Szeretném üdvözli elisabeth" ist ungarisch und bedeutet „Ich heiße Elisabeth."
Wer ist diese Heilige, die meist mit einem Korb voller Brote oder Fische in der Hand, mit einem Bettler oder einem Kranken gemalt wird und oft eine Krone auf dem Kopf trägt?
Du siehst diese Heilige mit blühenden Rosen im Arm?
Gut erkannt, auch das ist eine beliebte Darstellung von ihr!
Es ist die heilige Elisabeth!

„Sancta Elizabeth mater pauperum" – „Heilige Elisabeth, Mutter der Armen", so wird diese Heilige, die vor fast 800 Jahren lebte, oft genannt, und sie ist berühmt für ihre Mildtätigkeit und Barmherzigkeit gegenüber Armen und Kranken. Schon kurz nach ihrem Tod pilgerten viele Menschen zu ihrer Grabstätte, und es dauerte nur vier Jahre, bis Elisabeth 1235 vom damaligen Papst Gregor IX heiliggesprochen wurde. Das ist wirklich außergewöhnlich!

Die heilige Elisabeth von Thüringen – die Legende

KV 1

Geboren wurde Elisabeth vor mehr als 800 Jahren in Ungarn als Tochter des dortigen Königs. Schon mit vier Jahren kam sie nach Eisenach auf die Wartburg, weil ihre Eltern versprochen hatten, dass sie die Frau des Landgrafen von Thüringen werden sollte. Dort wuchs sie zusammen mit den drei Söhnen des Landgrafen auf, und am liebsten hatte sie den ältesten Sohn Ludwig, dem sie zur Frau versprochen war. Auch Ludwig mochte Elisabeth ganz besonders, und so heirateten die beiden, als Elisabeth 14 Jahre alt war. Oft begleitete sie Ludwig, der nach dem Tod seines Vaters nun der Landgraf von Thüringen war, auf seinen Reisen.

Wenn sie auf der Wartburg war, kümmerte sich die junge Landgräfin um die Armen und Kranken und stieg oft den Weg von der Burg hinunter in die Stadt, um Essen und Trinken an die Bedürftigen zu verteilen.

Als Ludwig wieder einmal auf einer langen Reise war, brach eine große Hungersnot aus. Da ließ Elisabeth die Getreidespeicher der Burg öffnen und das Korn unter den Menschen verteilen. Außerdem ließ sie jeden Tag für die Hungernden Brot backen. Bestimmt ist das der Grund, warum Elisabeth auf vielen Gemälden mit Broten gezeigt wird.

Ludwig starb, als Elisabeth 19 Jahre alt war, und Ludwigs Bruder Heinrich Raspe, der nun der Landgraf von Thüringen war, verbot Elisabeth, sich weiter um die Armen zu kümmern. Dies konnte sie nicht ertragen, und so verließ sie die Wartburg und gründete in Marburg ein Krankenhaus, das sie als erste Frau leitete. Nach vier Jahren wurde Elisabeth selbst krank und starb mit 24 Jahren in ihrem Krankenhaus.

Doch was ist mit den Rosen? Von den vielen Legenden um die heilige Elisabeth ist eine die Rosenlegende: Eines Tages, als Elisabeth wieder einmal mit einem großen Korb Brote auf dem Weg in die Stadt war, um sie zu verteilen, kam ihr zufällig ihr Mann Ludwig auf dem Pferd entgegen und fragte sie, was sie denn in dem Korb hätte. Da sie sich nicht traute, ihm die Wahrheit zu sagen, stammelte sie: „Es sind Rosen, Herr …“ Zornig schlug Ludwig die Decke vom Korb, mit der die Brote bedeckt waren, und voller Staunen sah er, dass Elisabeths Korb tatsächlich voll mit blühenden Rosen war.

Die heilige Elisabeth von Thüringen und ihre Merkmale KV 2

Bilder von Heiligen gibt es schon sehr lange, und schon immer haben Menschen überlegt: Wie können wir die Heiligen erkennen, wenn wir sie betrachten? Im Mittelalter kamen einige Künstler auf die Idee, den Namen des Heiligen als Inschrift auf ihr Kunstwerk zu schreiben. Das Problem war nur: Viele Leute konnten damals weder schreiben noch lesen! Und so fing man vor über 700 Jahren an, die Heiligen durch Kleidung und besondere Gegenstände oder Zeichen erkennbar zu machen. Diese Merkmale nennt man Attribute. Es gibt ganz allgemeine Attribute wie zum Beispiel ein Buch oder eine Palme, die man bei vielen Heiligen finden kann. Diese Attribute zeigen, was der Heilige bewirkt hat oder wie er gestorben ist. Darüber hinaus gibt es ganz besondere Attribute, die man nur bei wenigen Heiligen entdecken kann und durch die man auf die richtige Spur des Heiligen kommt.

Attribute der heiligen Elisabeth

Bei der heiligen Elisabeth könnt ihr gleich mehrere Attribute entdecken:
Oft wird sie mit Broten oder Fischen in der Hand gezeigt, die sie an einen Bettler oder kranke Menschen verteilt. Auf vielen Bildern trägt sie eine Grafenkrone.
Und nicht selten wird auch die Rosenlegende gemalt und man kann Elisabeth daran erkennen, dass sie einen Korb voll blühender Rosen im Arm hält.

Aufgabe

Wählt euch drei Attribute der heiligen Elisabeth aus und versucht, diese hier darzustellen. Ihr dürft malen oder zeichnen, selbst gemachte Fotos einkleben oder Bilder aus dem Internet suchen!

Die heilige Elisabeth – ein berühmtes Bild! KV 3

Das Bild, das du hier siehst, zeigt die heilige Elisabeth von Thüringen. Es ist aber eigentlich nur ein Bildausschnitt: Das richtige Gemälde ist noch viel größer und ein Flügelaltar oder Triptychon. Ein Triptychon ist eigentlich ein dreigeteiltes Gemälde. Beim Flügelaltar lassen sich die zwei schmäleren Außenseiten nach innen klappen. Dieses Triptychon hier heißt „Maria im Kreise von heiligen Frauen". Das Bild der heiligen Elisabeth befindet sich auf dem linken Außenflügel. Die heilige Elisabeth schenkt gerade einem Mann etwas Brot. Ihr fließendes Gewand und ihr Heiligenschein leuchten in intensiven Farben. Wer hat das Bild ungefähr 1420 so schön mit Ölfarben auf Eichenholz gemalt? Stell dir vor, das weiß man heute nicht mehr genau. Man weiß nur, dass es im Mittelalter viele Maler in Köln und der Umgebung von Köln gab, die ähnliche Bilder und viele Flügelaltäre mit Mariendarstellungen malen konnten und deswegen „Kölner Meister" genannt werden. Heute hängt dieses Kunstwerk in der Gemäldegalerie in Berlin. Wenn du einmal dort bist, musst du es unbedingt anschauen, es lohnt sich!

Die heilige Elisabeth und mein persönlicher Namenspatron KV 4

Heißt du vielleicht zufällig Elisa oder Lissy oder Elisabeth? Dann wäre dein Namenspatron die heilige Elisabeth, und ihr Gedenktag wäre dein Namenstag. Falls du einen anderen Namen trägst: Hast auch du einen Namenspatron und kennst vielleicht sogar deinen Namenstag?

Mein Namenstag ist am: ______________________________

Hat dein Name eine Bedeutung? Kennst du sie oder kannst sie in Erfahrung bringen?

Mein Name bedeutet: ______________________________

____

Falls du einen Namenspatron hast: Mach dich auf die Suche und notiere auf einem extra Blatt in wenigen Sätzen seine Geschichte! Falls du keinen Namenspatron hast, darfst du dir den Namen eines Heiligen auswählen, der dir besonders gut gefällt – außer Elisabeth, die kennen wir ja schon – und seine Legende erzählen. Recherchiere dafür im Internet oder frage Eltern, Großeltern, Lehrer, Pfarrer oder Freunde!

Kennst du noch weitere Heilige? Warst du vielleicht schon einmal in einem Museum oder in einer Kirche und hast auch dort Heilige entdeckt? Erzähle!

Die heilige Elisabeth – mein schönstes Bild

KV 5

Es sind Rosen!

Welch ein Wunder: In diesem Korb befinden sich keine Brote mehr, sondern …

Die heilige Elisabeth – Fragen für clevere Spürnasen KV 7

Ihr habt die Legende zur heiligen Elisabeth gelesen und die Arbeitsblätter geschafft? Dann seid ihr fit, um die Fragen für clevere Spürnasen zu bearbeiten und eure Antworten in ganzen Sätzen aufzuschreiben!

1. Könnt ihr ungarisch? Klar! Was heißt denn auf ungarisch „Ich heiße Elisabeth“?

 ____

2. Und kennt ihr auch die lateinische Übersetzung für „Heilige Elisabeth, Mutter der Armen“?

 ____

3. Elisabeth von Thüringen ist eine bekannte Heilige, die berühmt ist für ihre

 ______________ und ______________ gegenüber

 Armen und Kranken.

4. Elisabeth heiratete schon sehr früh. Wen denn?

 ____

5. Führt den Satz zu Ende: „Als Ludwig wieder einmal auf einer langen Reise war, brach eine

 große Hungersnot aus. Da ließ Elisabeth ______________

 ____

 ____

6. Erzählt nochmals in eigenen Worten: Warum verließ Elisabeth die Wartburg?

 ____

 ____

 ____

7. Wisst ihr noch, was mit „Attribute der Heiligen“ gemeint sein könnte? Schreibt alle Attribute auf, die die heilige Elisabeth kennzeichnen!

 ____

 ____

8. Woran könnt ihr erkennen, dass es sich bei dem Bildausschnitt „Die heilige Elisabeth“ auch wirklich um diese Heilige handelt?

 ____

 ____

 ____

Die heilige Elisabeth – Fragen für ganz clevere Spürnasen   KV 8

Recherchiert im Internet (zum Beispiel *www.heiligenlexikon.de*) oder in Büchern, fragt Eltern, Großeltern, Lehrer, Pfarrer oder Freunde!

1. Die heilige Elisabeth – ergänzt die Angaben!

   geboren: ______________ gestorben: ______________

   Gedenktag: ______________

2. Bauernregeln sind alte Volkssprüche über das Wetter. Zu vielen Heiligen und ihren Gedenktagen gibt es eine oder mehrere Bauernregeln. Findet ihr auch über die heilige Elisabeth einen Spruch und was mag er wohl bedeuten?

3. Elisabeth und ihr Mann, der Landgraf Ludwig, waren nicht einfach verheiratet, weil sie dazu gezwungen wurden, sondern offenbar liebten sich die beiden wirklich. Vielleicht findet ihr ein Bild, das die beiden zusammen zeigt oder habt Lust, selbst eines zu malen?

4. Viele Legenden gibt es von der heiligen Elisabeth zu berichten, eine davon ist die „Rosenlegende“. Findet ihr noch eine weitere und könnt sie in eigenen Worten erzählen?

5. Normalerweise dauert es sehr lange, bis eine Person von einem Papst heiliggesprochen wird. War das bei Elisabeth auch so und wann war das?

6. Das Originalbild „Die heilige Elisabeth“ ist eigentlich nur ein Bildausschnitt. Das richtige Gemälde ist noch viel größer und ein Triptychon. Ein Triptychon? Was ist denn das?

Die heilige Apollonia von Alexandrien – die Legende KV 1

Auf den Zahn gefühlt …

Wenn ich euch erzähle, dass es eine Heilige gibt, die fast immer einen Zahn, meist einen Zahn auf einer Zange vor sich herträgt, werdet ihr euch wahrscheinlich kopfschüttelnd an die Stirn tippen, nicht wahr? Vielleicht macht ihr euch aber ans Nachforschen, untersucht Bilder und Gemälde von Heiligen und schaut ganz genau hin – dann werdet ihr sie entdecken: die heilige Apollonia mit dem Zahn!

Auch andere Symbole deuten auf Apollonia hin. Auf manchen Bildern trägt sie eine Palme, eine Krone oder einen Lorbeerkranz bei sich, denn das sind Symbole, die darauf hinweisen, dass sie als Märtyrerin für ihren Glauben gestorben ist. Doch woran man sie eindeutig erkennen kann, ist nun einmal dieser Zahn!

Es ist ein ungewöhnlich großer Zahn, den Apollonia da vor sich herträgt. Würden wir einen Zahnarzt fragen, was das denn für einer sei, so wüssten wir gleich: Dies ist kein Milch- und auch kein Schneidezahn, sondern eindeutig ein Weisheitszahn!

Ob die heilige Apollonia wirklich gelebt hat, ist mehr als ungewiss, und viele unterschiedliche Geschichten ranken sich um ihr Leben und ihren Glauben. Immer geht es allerdings um ihr Martyrium und darum, wie sie zu Tode kam, weil sie nicht von ihrem Glauben an Gott abkommen wollte.

Die heilige Apollonia von Alexandrien – die Legende

KV 1

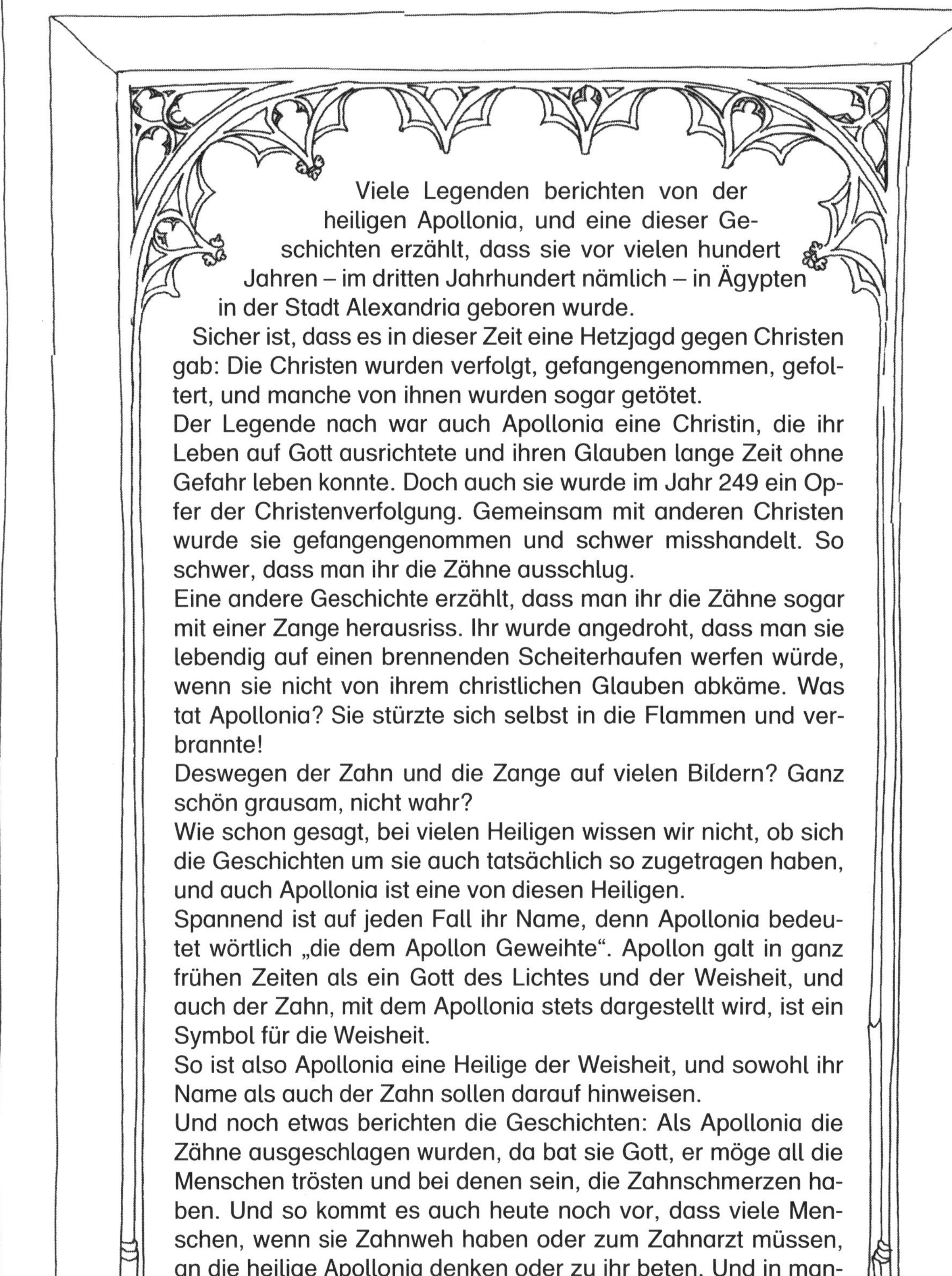

Viele Legenden berichten von der heiligen Apollonia, und eine dieser Geschichten erzählt, dass sie vor vielen hundert Jahren – im dritten Jahrhundert nämlich – in Ägypten in der Stadt Alexandria geboren wurde.

Sicher ist, dass es in dieser Zeit eine Hetzjagd gegen Christen gab: Die Christen wurden verfolgt, gefangengenommen, gefoltert, und manche von ihnen wurden sogar getötet.

Der Legende nach war auch Apollonia eine Christin, die ihr Leben auf Gott ausrichtete und ihren Glauben lange Zeit ohne Gefahr leben konnte. Doch auch sie wurde im Jahr 249 ein Opfer der Christenverfolgung. Gemeinsam mit anderen Christen wurde sie gefangengenommen und schwer misshandelt. So schwer, dass man ihr die Zähne ausschlug.

Eine andere Geschichte erzählt, dass man ihr die Zähne sogar mit einer Zange herausriss. Ihr wurde angedroht, dass man sie lebendig auf einen brennenden Scheiterhaufen werfen würde, wenn sie nicht von ihrem christlichen Glauben abkäme. Was tat Apollonia? Sie stürzte sich selbst in die Flammen und verbrannte!

Deswegen der Zahn und die Zange auf vielen Bildern? Ganz schön grausam, nicht wahr?

Wie schon gesagt, bei vielen Heiligen wissen wir nicht, ob sich die Geschichten um sie auch tatsächlich so zugetragen haben, und auch Apollonia ist eine von diesen Heiligen.

Spannend ist auf jeden Fall ihr Name, denn Apollonia bedeutet wörtlich „die dem Apollon Geweihte“. Apollon galt in ganz frühen Zeiten als ein Gott des Lichtes und der Weisheit, und auch der Zahn, mit dem Apollonia stets dargestellt wird, ist ein Symbol für die Weisheit.

So ist also Apollonia eine Heilige der Weisheit, und sowohl ihr Name als auch der Zahn sollen darauf hinweisen.

Und noch etwas berichten die Geschichten: Als Apollonia die Zähne ausgeschlagen wurden, da bat sie Gott, er möge all die Menschen trösten und bei denen sein, die Zahnschmerzen haben. Und so kommt es auch heute noch vor, dass viele Menschen, wenn sie Zahnweh haben oder zum Zahnarzt müssen, an die heilige Apollonia denken oder zu ihr beten. Und in manchen Zahnarztpraxen hängt auch heute noch ein Bild oder eine kleine Figur der heiligen Apollonia!

Die heilige Apollonia von Alexandrien und ihre Merkmale

KV 2

Bilder von Heiligen gibt es schon sehr lange, und schon immer haben Menschen überlegt: Wie können wir die Heiligen erkennen, wenn wir sie betrachten? Im Mittelalter kamen einige Künstler auf die Idee, den Namen des Heiligen als Inschrift auf ihr Kunstwerk zu schreiben. Das Problem war nur: Viele Leute konnten damals weder schreiben noch lesen! Und so fing man vor über 700 Jahren an, die Heiligen durch Kleidung und besondere Gegenstände oder Zeichen erkennbar zu machen. Diese Merkmale nennt man Attribute. Es gibt ganz allgemeine Attribute wie zum Beispiel ein Buch oder eine Palme, die man bei vielen Heiligen finden kann. Diese Attribute zeigen, was der Heilige bewirkt hat oder wie er gestorben ist. Darüber hinaus gibt es ganz besondere Attribute, die man nur bei wenigen Heiligen entdecken kann und durch die man auf die richtige Spur des Heiligen kommt.

Attribute der heiligen Apollonia

Bei der heiligen Apollonia kann man auf vielen Bildern einige der allgemeinen Attribute erkennen, da sie darauf hinweisen, dass Apollonia als Märtyrerin für ihren Glauben gestorben ist. Und so trägt sie oftmals eine Palme, eine Krone oder einen Lorbeerkranz bei sich.
Das eindeutigste Erkennungszeichen ist allerdings ihr Zahn: ein großer Weisheitszahn. Auf den meisten Darstellungen trägt ihn Apollonia auf einer Zange vor sich her – er weist darauf hin, dass ihr bei den Folterungen auch die Zähne ausgeschlagen oder gezogen wurden.

Aufgabe

Wählt euch neben dem Zahn noch ein weiteres Attribut der heiligen Apollonia aus und versucht, die beiden Merkmale hier dazustellen! Ihr dürft malen oder zeichnen, selbst gemachte Fotos einkleben oder Bilder aus dem Internet suchen!

Die heilige Apollonia – ein berühmtes Bild! KV 3

Das Bild, das du hier siehst, heißt „Die Heiligen Margaretha und Apollonia". Beide Frauen werden mit ihren Erkennungsmerkmalen gezeigt: Bei Margaretha kannst du eine Art Ungeheuer erkennen, das als großer „Wurm" bezeichnet wird, und Apollonia trägt einen großen Zahn bei sich: Ganz sanft blickt sie in ihrem weiten, kostbaren Mantel auf die Zange und den Zahn in ihrer Hand. Ein Strahlenkranz umgibt ihren Kopf, denn der Künstler des Bildes wollte offensichtlich, dass man gleich erkennt, dass dies eine Heilige ist. Er hieß Rogier van der Weyden und hat das Bild auf Eichenholz zwischen 1445 und 1450 gemalt – so genau weiß man das heute nicht mehr. Geboren wurde Rogier 1399 oder 1400, gestorben ist er 1464, und schon zu seinen Lebzeiten war er ein sehr berühmter niederländischer Künstler. Heute hängt das Gemälde in der Gemäldegalerie in Berlin, und wenn du einmal dort bist, musst du es unbedingt anschauen, es lohnt sich!

Die heilige Apollonia und mein persönlicher Namenspatron KV 4

Heißt du vielleicht zufällig Apollonia? Dann wäre dein Namenspatron die heilige Apollonia, und ihr Gedenktag wäre dein Namenstag. Falls du einen anderen Namen trägst: Hast auch du einen Namenspatron und kennst vielleicht sogar deinen Namenstag?

Mein Namenstag ist am: ______________________________

Hat dein Name eine Bedeutung? Kennst du sie oder kannst sie in Erfahrung bringen?

Mein Name bedeutet: ______________________________

____

Falls du einen Namenspatron hast: Mach dich auf die Suche und notiere auf einem extra Blatt in wenigen Sätzen seine Geschichte! Falls du keinen Namenspatron hast, darfst du dir den Namen eines Heiligen auswählen, der dir besonders gut gefällt – außer Apollonia, die kennen wir ja schon – und seine Legende erzählen. Recherchiere dafür im Internet oder frage Eltern, Großeltern, Lehrer, Pfarrer oder Freunde!

Kennst du noch weitere Heilige? Warst du vielleicht schon einmal in einem Museum oder in einer Kirche und hast auch dort Heilige entdeckt? Erzähle!

Die heilige Apollonia – mein schönstes Bild

KV 5

Die heilige Apollonia – Viermal anders

Viermal anders

Viermal Apollonia mit ihrem Zahn – gestalte sie ganz modern mit unterschiedlichen Farben!

Die heilige Apollonia – Fragen für clevere Spürnasen KV 7

Ihr habt die Legende zur heiligen Apollonia gelesen und die Arbeitsblätter geschafft? Dann seid ihr fit, um die Fragen für clevere Spürnasen zu bearbeiten und eure Antworten in ganzen Sätzen aufzuschreiben!

1. Apollonia von Alexandrien war eine Heilige, die für ihren Glauben sterben musste. Wie nennt man solche Heilige und durch welche Merkmale werden sie oft gekennzeichnet?

2. Wenn ihr diese Heilige auf Gemälden entdeckt, tippt ihr euch wahrscheinlich erst einmal kopfschüttelnd an die Stirn – warum wohl?

3. Bei der heiligen Apollonia ist sehr ungewiss, ob es sie auch wirklich gab. In allen Geschichten aber, die sich um ihr Leben ranken, geht es um eines:

4. Im dritten Jahrhundert soll Apollonia gelebt haben – wo denn?

5. In dieser Zeit gab es eine Hetzjagd gegen Christen. Könnt ihr beschreiben, was mit dem Begriff „Christenverfolgung“ gemeint ist?

6. Auch Apollonia wurde 249 ein Opfer der Christenverfolgung. Wie sah dies aus? Erzählt in eigenen Worten!

7. Führt den Satz zu Ende: Apollonia bedeutet wörtlich „die dem Apollon Geweihte.“

   „Apollon

8. Welches besondere Attribut kennzeichnet die heilige Apollonia?

Die heilige Apollonia – Fragen für ganz clevere Spürnasen **KV 8**

Recherchiert im Internet (zum Beispiel *www.heiligenlexikon.de*) oder in Büchern, fragt Eltern, Großeltern, Lehrer, Pfarrer oder Freunde!

1. „Apollonia“ ist heute ein sehr seltener Name, oder kennt ihr jemanden, der so heißt? Vielleicht fallen euch einige Namen ein, die so ähnlich klingen oder sich von „Apollonia“ ableiten lassen?

   ____

2. Bestimmt findet ihr den Gedenktag der heiligen Apollonia heraus?

   ____

3. Bauernregeln sind alte Volkssprüche über das Wetter. Zu vielen Heiligen und ihren Gedenktagen gibt es eine oder mehrere Bauernregeln. Findet ihr auch über die heilige Apollonia einen Spruch und was mag er wohl bedeuten?

   ____

   ____

   ____

4. Auf der Kreativseite habt ihr Apollonia ganz modern angemalt und gestaltet. Das hat vor euch schon einmal ein berühmter Künstler versucht: Andy Warhol.
   - Andy Warhol hat viele seiner Bilder auf eine ganz bestimmt Art gestaltet und gemalt und dafür Fotos oder andere Bilder und Gemälde verwendet. Diese bekannte Kunstrichtung hat einen bestimmten Namen:

     P__________ A__________.

   - Es gibt viele berühmte Gemälde von Andy Warhol. Wählt ein Kunstwerk von ihm aus. Ihr dürft malen oder zeichnen, Fotos einkleben oder Bilder aus dem Internet suchen!

     Warum habt ihr euch gerade für dieses Bild entschieden?

     ____

     ____

     ____

5. Ein ungewöhnlich großer Zahn, den Apollonia da vor sich herträgt. Recherchiert einmal: Wie viele Zähne haben Kinder, wenn sie alle Milchzähne haben? ☐

   Und wie viele Zähne haben wir normalerweise, wenn alle da sind? ☐

Der heilige Nikolaus – die Legende

KV 1

Von drauß', vom Walde komm ich her!

Lasst uns froh und munter sein,
und uns recht von Herzen freu'n.
Lustig, lustig, tralalalala,
bald ist Nikolausabend da,
bald ist Nikolausabend da!

Wer kennt ihn nicht, den heiligen Nikolaus! Diesen alten Mann mit weißem Bart und langem Bischofsmantel, der die Kinder besucht und ihre Stiefel, Strümpfe oder Teller füllt.

Jedes Jahr am 6. Dezember bringt der Nikolaus Wärme und Freude in die langen Winternächte, und wir wissen: Bald ist Weihnachten!

So viele Wundergeschichten, Legenden und Lieder erzählen von ihm, auf unzähligen Bildern ist Nikolaus zu sehen, und so wundert es nicht, dass er zu einem der bekanntesten und beliebtesten Heiligen überhaupt wurde.

Doch gab es ihn auch wirklich, diesen heiligen Bischof Nikolaus?

Ich kann euch etwas verraten: Bei Nikolaus wurde mal wieder – wie bei anderen Heiligen auch – einiges verwechselt und vermischt. Denn im vierten Jahrhundert nach Christus gab es tatsächlich einen Bischof, der Nikolaus hieß und in Myra lebte. Diese alte Stadt lag etwa 100 Kilometer von der heutigen türkischen Stadt Antalya entfernt. Lustig ist allerdings, dass es gar nicht lange nach Nikolaus von Myra – im sechsten Jahrhundert – ganz in der Nähe nochmals einen Bischof Nikolaus gab, der wohl auch sehr freundlich und mildtätig war und Nikolaus von Sion genannt wurde. Viele Geschichten, die von Nikolaus von Sion erzählen, wurden später mit unserem Nikolaus von Myra vermischt, und heute kann niemand mehr genau sagen, welche Geschichte nun zu welchem Nikolaus gehört!

Der heilige Nikolaus – die Legende

Nikolaus lebte vor vielen hundert Jahren. Er war Bischof von Myra und er trug als solcher die Bischofsmütze (Mitra), einen gekrümmten Bischofsstab und seinen Bischofsmantel. Er war berühmt für seine Freigebigkeit und Milde, und jeder mochte diesen freundlichen Bischof. So erzählt die Legende, dass er reiche Eltern hatte, die schon früh starben. Nikolaus erbte ihr Vermögen und verteilte es unter den Armen. Wollt ihr noch zwei Geschichten von ihm hören?

Nikolaus und die drei Geschenke

Zu Nikolaus' Zeit lebte auch ein armer Mann, der drei Töchter hatte. Sie hätten gerne geheiratet, doch dies war unmöglich, da es damals üblich war, der Braut zur Hochzeit Geld, schöne Kleidung und andere Kostbarkeiten mitzugeben. Der Vater war verzweifelt, da er seinen Töchtern diesen Wunsch nicht erfüllen konnte. So bat er Gott um Hilfe. Nikolaus erfuhr davon, und in drei Nächten warf er hintereinander jedes Mal ein Säckchen mit Goldstücken in das Schlafzimmer der Mädchen. In der dritten Nacht entdeckte der Vater ihn und dankte Nikolaus, denn so konnten all seine Töchter heiraten und waren aus der Not befreit.

Wahrscheinlich ist diese Geschichte der Grund dafür, dass auch heute noch der heilige Nikolaus die Kinder beschenkt und ihnen in der Nacht zum 6. Dezember Stiefel, Strümpfe oder Teller füllt.

Nikolaus und die wundersame Kornvermehrung

Als Nikolaus Bischof war, herrschte eine große Hungersnot in Myra und dem ganzen Land. Doch eines Tages ankerten mehrere mit Getreide beladene Schiffe im Hafen. Nikolaus, der davon erfuhr, bat die Schiffsleute, etwas Getreide von jedem Schiff für die hungernden Menschen abzugeben. „Das würden wir ja gerne tun, Nikolaus, doch das Getreide ist genau abgemessen, und wenn etwas fehlt, werden wir vom Kaiser dafür bestraft." Als Nikolaus ihnen aber versprach, dass ihnen nichts passieren würde, halfen sie und schenkten ihm von jedem Schiff einen kleinen Teil Getreide. Wie wunderten sie sich, als sie den Rest dem Kaiser übergaben: Es fehlte nicht ein Korn! Nikolaus jedoch konnte allen Menschen etwas Getreide abgeben, und zwei Jahre reichte es aus, die Menschen zu versorgen und sogar die Felder damit zu bestellen!

Der heilige Nikolaus und seine Merkmale

KV 2

Bilder von Heiligen gibt es schon sehr lange, und schon immer haben Menschen überlegt: Wie können wir die Heiligen erkennen, wenn wir sie betrachten? Im Mittelalter kamen einige Künstler auf die Idee, den Namen des Heiligen als Inschrift auf ihr Kunstwerk zu schreiben. Das Problem war nur: Viele Leute konnten damals weder schreiben noch lesen! Und so fing man vor über 700 Jahren an, die Heiligen durch Kleidung und besondere Gegenstände oder Zeichen erkennbar zu machen. Diese Merkmale nennt man Attribute. Es gibt ganz allgemeine Attribute wie zum Beispiel ein Buch oder eine Palme, die man bei vielen Heiligen finden kann. Diese Attribute zeigen, was der Heilige bewirkt hat oder wie er gestorben ist. Darüber hinaus gibt es ganz besondere Attribute, die man nur bei wenigen Heiligen entdecken kann und durch die man auf die richtige Spur des Heiligen kommt.

Attribute des heiligen Nikolaus

Der heilige Nikolaus wird stets als Helfer, Retter und Beschützer dargestellt, und auf den meisten Bildern trägt er sein Bischofsgewand. Viele Attribute weisen auf die Legenden, die es von ihm gibt, hin: „Nikolaus und die drei Geschenke" ist eine der bekanntesten, und drei Goldkugeln oder drei Geldsäckchen erzählen auf vielen Bildern von ihr. Oft wird Nikolaus auch mit mehreren Broten gezeigt, denn eine Legende berichtet, dass er den Menschen in großer Hungersnot half. Eine andere erzählt von einem Pökelfass, aus dem er drei Jungen befreite – auch dieses Bild mit den drei Buben in einem Fass ist sehr bekannt. Weitere Merkmale sind ein Schiff, ein Anker oder auch ein Steuerrad – Zeichen dafür, dass Nikolaus einst ein Schiff in Seenot rettete.

Aufgabe

Wählt euch zwei Attribute des heiligen Nikolaus aus und versucht, sie hier dazustellen. Ihr dürft malen oder zeichnen, selbst gemachte Fotos einkleben oder Bilder aus dem Internet suchen!

Der heilige Nikolaus – ein berühmtes Bild! KV 3

Das Bild, das du hier siehst, zeigt den heiligen Nikolaus. Es ist allerdings nur ein Bildausschnitt, denn eigentlich ist das Gemälde noch viel größer und heißt „Madonna mit hl. Nikolaus von Myra und hl. Katharina von Alexandrien und Stifter". Stifter meint den Mann, der das Bild für eine Kirche in Auftrag gegeben, also „gestiftet" hat. Ihn siehst du bei Nikolaus. Nikolaus selbst trägt sein Bischofsgewand, die Mitra, seinen Bischofsstab und hält seine Hand beschützend über den Stifter. Wenn man genau hinschaut, kann man auch drei Kugeln bei Nikolaus entdecken. Gemalt hat das Bild Gentile da Fabriano, ein italienischer Maler, der eigentlich Gentile di Nicolò Massio hieß. Da er aber um 1385 in der italienischen Stadt Fabriano geboren wurde, nannte er sich nach ihr. Entstanden ist das Bild ungefähr 1395-1400, und heute hängt dieses Kunstwerk in der Gemäldegalerie in Berlin. Wenn du einmal dort bist, musst du es unbedingt anschauen, es lohnt sich!

Der heilige Nikolaus und mein persönlicher Namenspatron KV 4

Heißt du vielleicht zufällig Nikola, Niklas oder Niko? Dann wäre dein Namenspatron natürlich der heilige Nikolaus, und sein Gedenktag wäre dein Namenstag. Falls du einen anderen Namen trägst: Hast auch du einen Namenspatron und kennst vielleicht sogar deinen Namenstag?

Mein Namenstag ist am: ______________________________

Hat dein Name eine Bedeutung? Kennst du sie oder kannst sie in Erfahrung bringen?

Mein Name bedeutet: ______________________________

____

Falls du einen Namenspatron hast: Mach dich auf die Suche und notiere auf einem extra Blatt in wenigen Sätzen seine Geschichte! Falls du keinen Namenspatron hast, darfst du dir den Namen eines Heiligen auswählen, der dir besonders gut gefällt – außer Nikolaus, den kennen wir ja schon – und seine Legende erzählen. Recherchiere dafür im Internet oder frage Eltern, Großeltern, Lehrer, Pfarrer oder Freunde!

Kennst du noch weitere Heilige? Warst du vielleicht schon einmal in einem Museum oder in einer Kirche und hast auch dort Heilige entdeckt? Erzähle!

Der heilige Nikolaus – mein schönstes Bild

KV 5

Der heilige Nikolaus – Bald ist Nikolausabend da

KV 6

Bald ist Nikolausabend da ...

Wenn du an den heiligen Nikolaus denkst – was kommt dir da als erstes in den Sinn? Die Geschenke? All die Wundergeschichten? Nikolauslieder? Der Duft der ersten Weihnachtsplätzchen? Gestalte deine eigene Nikolausseite!

Der heilige Nikolaus – Fragen für clevere Spürnasen KV 7

Ihr habt die Legende zum heiligen Nikolaus gelesen und die Arbeitsblätter geschafft? Dann seid ihr fit, um die Fragen für clevere Spürnasen zu bearbeiten und eure Antworten in ganzen Sätzen aufzuschreiben!

1. Der heilige Nikolaus ist einer der bekanntesten und beliebtesten Heiligen überhaupt, und bestimmt wisst ihr, an welchem Tag er die Kinder bei uns besucht.

2. Wenn Nikolaus Wärme und Freude in die langen Winternächte bringt, dann wissen wir:

3. Auch bei Nikolaus wurde einiges vermischt. Erzählt nochmals in eigenen Worten!

4. Die alte Stadt Myra – wo lag denn die?

5. Woran kann man erkennen, dass Nikolaus von Myra ein Bischof war?

6. Viele Legenden berichten vom heiligen Nikolaus. Welche beiden Geschichten werden auf eurem Legenden-Arbeitsblatt erzählt?

7. Führt den Satz zu Ende: „Nikolaus erfuhr davon, und in drei Nächten

8. Wisst ihr noch, was mit „Attribute der Heiligen“ gemeint sein könnte? Schreibt alle Attribute auf, die den heiligen Nikolaus kennzeichnen!

Der heilige Nikolaus – Fragen für ganz clevere Spürnasen **KV 8**

Recherchiert im Internet (zum Beispiel *www.heiligenlexikon.de*) oder in Büchern, fragt Eltern, Großeltern, Lehrer, Pfarrer oder Freunde!

1. Natürlich kennt ihr das Nikolauslied „Lasst uns froh und munter sein". Und wie sieht es mit einem kleinen Nikolausgedicht aus? Los geht's!

2. Der Nikolaustag ist gleichzeitig auch der Gedenktag des Heiligen, und sein Name bedeutet im Griechischen:

   ______________________________.

3. Vom heiligen Nikolaus gibt es viele Geschichten, „Nikolaus und die drei Geschenke" und „Nikolaus und die wundersame Kornvermehrung" sind nur zwei davon. Findet ihr noch weitere? Notiert die Überschriften!

4. Bauernregeln sind alte Volkssprüche über das Wetter. Zu vielen Heiligen und ihren Gedenktagen gibt es eine Bauernregel. Zum heiligen Nikolaus gibt es gleich mehrere – notiert euch den Spruch, der euch am besten gefällt! Was mag er wohl bedeuten?

5. Könnt ihr euch vorstellen, was der heilige Nikolaus mit Coca Cola zu tun haben könnte? Recherchiert und notiert eure Ergebnisse!

6. Was wünscht ihr euch in euren Nikolausstiefel?

Die heilige Barbara – die Legende

Ein drittes Fenster!

Manche Heilige gibt es, bei denen es gar nicht sicher ist, dass es sie wirklich gab, und doch gehören viele von ihnen zu den bekanntesten und am meisten verehrten heiligen Gestalten.

So ist es auch mit der heiligen Barbara: Wir wissen nicht wirklich, wann sie geboren wurde oder gestorben ist, und auch über den Ort, wo sie herkam, gibt es keine sicheren Aussagen. Viele Forscher haben unzählige alte Texte und Bücher über die heilige Barbara gelesen und glauben, dass sie im dritten Jahrhundert in Nikomedien in der Türkei gelebt haben könnte – oder aber auch in Heliopolis. Das ist ein kleiner Ort, der heute im Libanon liegt.

Es gibt viele unterschiedliche Legenden von Barbara, und obwohl wir so wenig Genaues über sie wissen, ist die heilige Barbara sehr bekannt. Wie kommt das? Und wie kommt es, dass Barbara als Schutzheilige unter anderem von Bauarbeitern, Zimmerleuten und Architekten, von Dachdeckern und vor allem von Bergleuten auch heute noch sehr verehrt wird?

Vermutlich liegt dies an dem Turm. Schaut nur einmal genau hin: Auf den meisten Bildern, die es von Barbara gibt, ist sie mit einem Turm dargestellt. Doch was hat es damit auf sich? Das ist eine spannende Frage, der wir natürlich nachgehen müssen.

Die heilige Barbara – die Legende

KV 1

Die Legende berichtet, dass Barbara vor vielen hundert Jahren als Kind sehr wohlhabender Eltern aufwuchs. Sie war ein sehr kluges und schönes junges Mädchen, und viele Männer aus der Gegend wollten sie gerne heiraten. Barbara jedoch wies alle Verehrer zurück und besuchte stattdessen eine Gruppe von Christen, die sich heimlich trafen. Heimlich deswegen, da der Kaiser, der damals herrschte, alle Menschen, die an Gott glaubten, verfolgen und töten ließ.

Barbara aber spürte, dass Gott in ihrem Leben wichtig war und beschloss, dass auch sie eine Christin werden wollte. Ihr Vater Dioskorus verstand dies nicht, und er war darüber ungemein wütend und sperrte Barbara in einen Turm, der nur zwei Fenster hatte. Als er einmal auf einer größeren Reise war, bekannte sich Barbara in ihrem Gefängnis zu Gott und ließ sich von dem Priester Valentinus taufen, der sich als Arzt verkleidet hatte und sie in ihrem Turm besuchte. Als Zeichen, dass sie nun eine Christin war, ließ sie ein drittes Fenster in ihren Turm brechen. Diese drei Fenster waren nun ein Symbol für die Dreifaltigkeit Gottes und zeigten, dass Barbara an Gott als den Vater, den Sohn und den Heiligen Geist glaubte!

Als Dioskorus wieder von seiner Reise zurückkam und davon erfuhr, beschloss er, seine Tochter zu töten. Barbara jedoch konnte in einen Felsspalt fliehen, der sich wie durch ein Wunder vor ihr auftat. Ein Hirte aber, der sie sah, verriet ihr Versteck, und ihr Vater brachte sie vor den römischen Stadthalter Marcianus, der sie zum Tode verurteilte. Sie wurde öffentlich gefoltert und grausam geschlagen, doch die Legende berichtet, die Ruten, mit denen Barbara misshandelt wurde, verwandelten sich in Pfauenfedern und ihre Wunden wurden geheilt. Zudem erschien ihr ein Engel, der sie in ein leuchtend weißes Gewand hüllte.

Schließlich wurde Barbara von ihrem eigenen Vater enthauptet. Kurz darauf traf diesen ein Blitz, und so starb auch er. Und der Hirte, der Barbara verraten hatte? Die Legende erzählt, dass er in einen Stein und seine Schafe in Heuschrecken verwandelt wurden. Stellt euch vor, eine andere Geschichte berichtet sogar, er wäre ein Mistkäfer geworden!

Die heilige Barbara und ihre Merkmale

KV 2

Bilder von Heiligen gibt es schon sehr lange, und schon immer haben Menschen überlegt: Wie können wir die Heiligen erkennen, wenn wir sie betrachten? Im Mittelalter kamen einige Künstler auf die Idee, den Namen des Heiligen als Inschrift auf ihr Kunstwerk zu schreiben. Das Problem war nur: Viele Leute konnten damals weder schreiben noch lesen! Und so fing man vor über 700 Jahren an, die Heiligen durch Kleidung und besondere Gegenstände oder Zeichen erkennbar zu machen. Diese Merkmale nennt man Attribute. Es gibt ganz allgemeine Attribute wie zum Beispiel ein Buch oder eine Palme, die man bei vielen Heiligen finden kann. Diese Attribute zeigen, was der Heilige bewirkt hat oder wie er gestorben ist. Darüber hinaus gibt es ganz besondere Attribute, die man nur bei wenigen Heiligen entdecken kann und durch die man auf die richtige Spur des Heiligen kommt.

Attribute der heiligen Barbara

Bei der heiligen Barbara könnt ihr mehrere Erkennungszeichen entdecken, und viele allgemeine Attribute weisen darauf hin, dass sie als Märtyrerin für ihren Glauben gestorben ist: ein Schwert, ein Palmzweig, ein Kreuz oder auch eine Krone. Auf vielen Bildern trägt sie einen Kelch mit Hostien bei sich: Sie gilt als Heilige, die Sterbenden am Ende des Lebens beisteht. Das eindeutigste Attribut der heiligen Barbara ist allerdings der Turm mit den drei Fenstern, in den sie eingeschlossen war und der ein Symbol für die Dreifaltigkeit Gottes ist. Und fast könnte man ein Attribut übersehen: Manchmal kommt es nämlich vor, dass man auf Bildern der heiligen Barbara einen kleinen Mann zu ihren Füßen sieht. Wer könnte das sein? Richtig – es ist ihr Vater, der sie der Legende nach tötete.

Aufgabe

Wählt euch neben dem Turm noch ein weiteres Attribut der heiligen Barbara aus und versucht, die beiden Merkmale hier dazustellen. Ihr dürft malen oder zeichnen, selbst gemachte Fotos einkleben oder Bilder aus dem Internet suchen!

Die heilige Barbara – ein berühmtes Bild! KV 3

Das Bild, das du hier siehst, zeigt die heilige Barbara, und genauso heißt es auch. Man sieht eine wunderschöne Frau mit langen Haaren, einer reich verzierten Kopfbedeckung und einem edlen Gewand, wie sie gerade in einem Buch liest – dies soll uns wohl sagen, dass Barbara sehr gebildet war und aus einem reichen Hause stammte. Eine Feder trägt sie in der linken Hand, und im Hintergrund ist ein Turm zu erkennen. Dieses Bild ist allerdings nur ein Teil von einem größeren Kunstwerk: Es ist nämlich auf die rechte Seite eines Flügelaltars gemalt. In der Mitte sieht man die heiligen drei Könige, wie sie das Jesuskind anbeten, und außen links findet man ein Bild der heiligen Katharina. Seltsame Kombination, nicht wahr? Solch einen Flügelaltar nennt man auch Triptychon, und der Künstler dieses Altars hat einige solcher Kunstwerke gemalt. Er hieß Joos van Cleve und war vor ungefähr 500 Jahren ein berühmter holländischer Maler. Dieses Bild hat er um 1520 gemalt, und heute hängt es in der Gemäldegalerie in Berlin. Wenn du einmal dort bist, musst du es unbedingt anschauen, es lohnt sich!

Die heilige Barbara und mein persönlicher Namenspatron KV 4

Heißt du vielleicht zufällig Babsi oder Barbara? Dann wäre dein Namenspatron natürlich die heilige Barbara, und ihr Gedenktag wäre dein Namenstag. Falls du einen anderen Namen trägst: Hast auch du einen Namenspatron und kennst vielleicht sogar deinen Namenstag?

Mein Namenstag ist am: ______________________________

Hat dein Name eine Bedeutung? Kennst du sie oder kannst sie in Erfahrung bringen?

Mein Name bedeutet: ______________________________

____

Falls du einen Namenspatron hast: Mach dich auf die Suche und notiere auf einem extra Blatt in wenigen Sätzen seine Geschichte! Falls du keinen Namenspatron hast, darfst du dir den Namen eines Heiligen auswählen, der dir besonders gut gefällt – außer Barbara, die kennen wir ja schon – und seine Legende erzählen. Recherchiere dafür im Internet oder frage Eltern, Großeltern, Lehrer, Pfarrer oder Freunde!

Kennst du noch weitere Heilige? Warst du vielleicht schon einmal in einem Museum oder in einer Kirche und hast auch dort Heilige entdeckt? Erzähle!

Die heilige Barbara – mein schönstes Bild

KV 5

Voller Leben

Tiere, Pflanzen, Menschen – fülle den Turm mit Leben und gestalte das Bild nach deinen Vorstellungen! Vielleicht findest du auch Platz, um die drei Fenster einzuzeichnen?

Die heilige Barbara – Fragen für clevere Spürnasen KV 7

Ihr habt die Legende zur heiligen Barbara gelesen und die Arbeitsblätter geschafft? Dann seid ihr fit, um die Fragen für clevere Spürnasen zu bearbeiten und eure Antworten in ganzen Sätzen aufzuschreiben!

1. Bei vielen Heiligen ist es gar nicht sicher, ob es sie wirklich gab, und auch die heilige Barbara gehört dazu. Viele Informationen zu ihr sind sehr ungewiss und nicht eindeutig – nennt dafür einige Beispiele.

   ____

   ____

2. Auf den meisten Bildern, die es von Barbara gibt, ist sie mit einem Turm dargestellt, und daher kommt es auch, dass sie unter anderem die Schutzheilige ist für:

   ____

3. Die Legende berichtet, dass Barbara heimlich eine Gruppe von Christen besuchte. Warum musste sie das heimlich tun?

   ____

   ____

4. Führt den Satz zu Ende: „Als ihr Vater einmal ____________________

   ____

   ____!“

5. Barbara wurde von ihrem Vater und auch von dem Stadthalter Marcianus grausam gefoltert. Wie wurde sie am Ende getötet? Erzählt nochmals in eigenen Worten!

   ____

   ____

6. Wisst ihr noch, was mit „Attribute der Heiligen“ gemeint ist? Schreibt alle Attribute auf, die die heilige Barbara kennzeichnen!

   ____

   ____

7. Woran könnt ihr erkennen, dass es sich bei dem Bild „Die heilige Barbara“ auch wirklich um diese Heilige handelt?

   ____

   ____

Die heilige Barbara – Fragen für ganz clevere Spürnasen KV 8

Recherchiert im Internet (zum Beispiel *www.heiligenlexikon.de*) oder in Büchern, fragt Eltern, Großeltern, Lehrer, Pfarrer oder Freunde!

1. Barbara ist eine bekannte Heilige. Findet ihr ihren Gedenktag und die griechische Bedeutung ihres Namens heraus?

2. Barbara war eine Heilige, die für ihren Glauben sterben musste. Wie nennt man solche Heilige und durch welche Merkmale werden sie oft gekennzeichnet?

3. Häufig wird Barbara mit anderen Heiligen genannt, denn sie gehört zu den „14 Nothelfern". Findet ihr alle 14 Namen heraus? Vielleicht kennt ihr sogar schon manche Heilige von ihnen?

4. Bauernregeln sind alte Volkssprüche über das Wetter. Zu vielen Heiligen und ihren Gedenktagen gibt es eine Bauernregel. Zur heiligen Barbara gibt es gleich mehrere – notiert euch den Spruch, der euch am besten gefällt! Was mag er wohl bedeuten?

5. Um die heilige Barbara ranken sich auch viele Bräuche. In unserer Region sind die „Barbarazweige" recht bekannt. Schreibt auf: Was hat es mit diesem Brauch auf sich und wann wird er ausgeführt?

6. Da die heilige Barbara die Schutzpatronin der Bergleute ist, gibt es auch einige Bergmannslieder, in denen sie genannt wird. Findet ihr eines? Und wie lautet denn eigentlich der Bergmannsgruß?

Der heilige Hieronymus – die Legende

KV 1

Der zahme Löwe

Einen Heiligen gibt es, bei dem wurde so manches verwechselt: Es ist der heilige Hieronymus!

Dieser Heilige gehört zu den vier großen Kirchenvätern, die es in der katholischen Kirche gibt: Ambrosius, Augustinus, Gregor und Hieronymus. Als Kirchenväter hatte sie die antike Kirche schon vor langer Zeit bezeichnet, da all diese vier Männer den Glauben bewahrt und wichtige religiöse Schriften verfasst haben. Noch heute gibt es für sie diese Bezeichnung. Auch Hieronymus gilt also als „Kirchenvater". Gelebt hat er wohl im vierten Jahrhundert. Es ist interessant, dass Hieronymus auf vielen Bildern und Gemälden in den unterschiedlichsten Museen der Welt dargestellt ist.

Oft sieht man ihn zusammen mit einem Löwen. Einem echten Löwen? Der ihn auffressen möchte? Mit dem er kämpft?

Nein! Man sieht Hieronymus mit einem Löwen, der ganz zahm bei ihm liegt. Warum das denn?

Das ist eine spannende Frage, die gar nicht so leicht zu beantworten ist.

Der heilige Hieronymus – die Legende

KV 1

Meist wird Hieronymus nicht nur mit einem Löwen, sondern auch mit einem Buch gezeigt, denn er war, als er vor vielen hundert Jahren lebte, ein sehr gebildeter Mann, der lesen und schreiben konnte. In Rom hatte er verschiedene Sprachen gelernt und sich auch taufen lassen, denn das Leben als Christ war ihm wichtig.

Nach seinen Studien bereiste Hieronymus viele Länder. Er lernte Griechisch und Hebräisch und sprach später sieben Sprachen! Eine seiner Reisen führte ihn nach Syrien, wo er fünf Jahre als Einsiedler lebte. Was er in dieser Zeit dachte und lernte? Auf vielen Bildern kann man Hieronymus nachdenklich und ganz allein in einer Wüste oder kargen Landschaft erkennen. Manchmal sieht man auch einen Totenkopf bei ihm, der darauf hinweist, dass alles einmal zu Ende geht.
Nach dieser einsamen Zeit wurde Hieronymus bald zum Priester geweiht. Als er wieder in Rom war, erzählt eine Legende, dass er sogar Bischof wurde. Deshalb sieht man Hieronymus auf manchen Bildern mit einem roten Mantel oder Hut, ein Zeichen für die Bischofs- und Kardinalswürde.

Oft wird Hieronymus mit der Bibel gezeigt. Die Bibel gab es damals noch nicht in allen Sprachen, sondern es gab viele verschiedene Texte, und die meisten waren in Griechisch und Hebräisch geschrieben. Hieronymus übersetzte zum ersten Mal all diese Texte ins Lateinische – in die Sprache, die von den gebildeten Menschen der Kirche gelesen und verstanden werden konnte. Noch heute kennt man seine Übersetzung, die „Vulgata“!

Doch was ist mit dem Löwen? Die Legende berichtet, Hieronymus habe eines Tages einem hinkenden Löwen einen Dorn aus der Pranke gezogen, der daraufhin zahm und sein treuer Begleiter wurde. Doch nun kommt die Verwechslung ins Spiel: Es gibt nämlich einen Heiligen, der Gerasimos vom Jordan hieß: Von ihm kennt man genau dieselbe Löwengeschichte! Gerasimos – Hieronymus, sehr ähnlich, diese Namen, nicht wahr? Genau das ist wahrscheinlich passiert: Die Namen wurden verwechselt und man dachte, die Löwengeschichte gehört zu Hieronymus. Heute finden wir auf ganz vielen Bildern des heiligen Hieronymus einen Löwen, obwohl der eigentlich gar nicht da hingehört!

Der heilige Hieronymus und seine Merkmale

KV 2

Bilder von Heiligen gibt es schon sehr lange, und schon immer haben Menschen überlegt: Wie können wir die Heiligen erkennen, wenn wir sie betrachten? Im Mittelalter kamen einige Künstler auf die Idee, den Namen des Heiligen als Inschrift auf ihr Kunstwerk zu schreiben. Das Problem war nur: Viele Leute konnten damals weder schreiben noch lesen! Und so fing man vor über 700 Jahren an, die Heiligen durch Kleidung und besondere Gegenstände oder Zeichen erkennbar zu machen. Diese Merkmale nennt man Attribute. Es gibt ganz allgemeine Attribute wie zum Beispiel ein Buch oder eine Palme, die man bei vielen Heiligen finden kann. Diese Attribute zeigen, was der Heilige bewirkt hat oder wie er gestorben ist. Darüber hinaus gibt es ganz besondere Attribute, die man nur bei wenigen Heiligen entdecken kann und durch die man auf die richtige Spur des Heiligen kommt.

Attribute des heiligen Hieronymus

Oft wird er als Einsiedler gezeigt, der ein Kreuz anbetet, manchmal auch mit einem Stein oder einem anderen Symbol der Geißelung. Meist ist auch ein Buch bei ihm – schließlich hat er viele wichtige religiöse Texte geschrieben und übersetzt. Das Buch ist auch meistens dabei, wenn Hieronymus als Gelehrter zum Beispiel in einer Schreibstube gezeigt wird. Oft findet sich dort auch ein Totenkopf – als Zeichen dafür, dass alles einmal zu Ende geht. Auch ein roter Hut oder Mantel als Zeichen der Kardinalswürde finden sich auf vielen Bildern. Und eines der bekanntesten Attribute bei Hieronymus ist der Löwe. Wenn du die Legende gelesen hast, weißt du natürlich, dass die Sache mit dem Löwen eigentlich eine Verwechslung ist, und doch können wir Hieronymus daran nun sehr gut erkennen.

Aufgabe

Wählt euch zwei Attribute des heiligen Hieronymus aus und versucht, sie hier dazustellen. Ihr dürft malen oder zeichnen, selbst gemachte Fotos einkleben oder Bilder aus dem Internet suchen!

Der heilige Hieronymus – ein berühmtes Bild! KV 3

Das Bild, das du hier siehst, zeigt den heiligen Hieronymus, und genau so lautet auch sein Titel: „Der heilige Hieronymus“. Gemalt wurde es auf Lindenholz, doch heute kann man nicht mehr sagen, wann genau das war. Auf jeden Fall ist es schon mehr als 400 Jahre alt, und der Künstler dieses Gemäldes hieß Hans Schäufelin – oder Schäufelein, Schäuffelein oder gar Scheifelen, auch das weiß man heute nicht mehr so genau. Hans Schäufelin war ein deutscher Maler, Grafiker und Holzschneider, der vor allem durch seine Holzschnitte bekannt wurde. Auf diesem Bild hat er den heiligen Hieronymus in einem leuchtend roten Mantel dargestellt. In der Hand hält er einen Büßerstein – ein Symbol der Geißelung, und auch der Löwe fehlt nicht: Er liegt ganz gemütlich zu Hieronymus' Füßen. Ein Kreuz scheint aus einer Wurzel zu wachsen, eine Kirche befindet sich im Hintergrund und auch der rote Kardinalshut liegt ganz vorne und ist gut zu sehen. Offenbar wollte Hans Schäufelin wirklich alle Merkmale, die Hieronymus zugeordnet werden, in seinem Bild darstellen. Heute hängt dieses Kunstwerk in der Gemäldegalerie in Berlin. Wenn du einmal dort bist, musst du es unbedingt anschauen, es lohnt sich!

Der heilige Hieronymus und mein persönlicher Namenspatron KV 4

Heißt du vielleicht zufällig Hieronymus? Wahrscheinlich eher nicht, doch dann wäre dein Namenspatron der heilige Hieronymus, und sein Gedenktag wäre dein Namenstag. Falls du einen anderen Namen trägst: Hast auch du einen Namenspatron und kennst vielleicht sogar deinen Namenstag?

Mein Namenstag ist am: ______________________________

Hat dein Name eine Bedeutung? Kennst du sie oder kannst sie in Erfahrung bringen?

Mein Name bedeutet: ______________________________

____

Falls du einen Namenspatron hast: Mach dich auf die Suche und notiere auf einem extra Blatt in wenigen Sätzen seine Geschichte! Falls du keinen Namenspatron hast, darfst du dir den Namen eines Heiligen auswählen, der dir besonders gut gefällt – außer Hieronymus, den kennen wir ja schon – und seine Legende erzählen. Recherchiere dafür im Internet oder frage Eltern, Großeltern, Lehrer, Pfarrer oder Freunde!

Kennst du noch weitere Heilige? Warst du vielleicht schon einmal in einem Museum oder in einer Kirche und hast auch dort Heilige entdeckt? Erzähle!

Der heilige Hieronymus – mein schönstes Bild

KV 5

Der heilige Hieronymus – Ganz zahm

KV 6

Ganz zahm

Obwohl es eigentlich eine Verwechslung war, gehört der Löwe auf den meisten Bildern zu Hieronymus einfach dazu. Ob ihm das gefällt? Vielleicht wäre er gerne im Zoo? Oder in einer weiten Steppe oder Savanne? Vielleicht in den Bergen Afrikas? Gestalte dein eigenes Löwenbild!

Der heilige Hieronymus – Fragen für clevere Spürnasen KV 7

Ihr habt die Legende zum heiligen Hieronymus gelesen und die Arbeitsblätter geschafft? Dann seid ihr fit, um die Fragen für clevere Spürnasen zu bearbeiten und eure Antworten in ganzen Sätzen zu notieren!

1. Erklärt in eigenen Worten: Hieronymus ist einer der vier großen Kirchenväter. Wer sind die anderen und was bedeutet das eigentlich?

2. Welchen Hinweis liefert das Buch, mit dem Hieronymus oft gezeigt wird?

3. Hieronymus war das Leben als Christ wichtig, und eines gehörte für ihn da selbstverständlich dazu:

4. Könnt ihr mehrere Sprachen? Welche denn?

   Und wie viele Sprachen sprach Hieronymus nach all seinen Reisen und Studien?

5. Erzählt nochmals: Eine seiner Reisen führte Hieronymus nach Syrien.

6. Woran könnt ihr erkennen, dass es sich bei dem Bild „Der heilige Hieronymus“ auch wirklich um den heiligen Hieronymus handelt und wo hängt das Gemälde heute?

7. Wisst ihr noch, was mit „Attribute der Heiligen“ gemeint ist? Schreibt alle Attribute auf, die den heiligen Hieronymus kennzeichnen!

Der heilige Hieronymus – Fragen für ganz clevere Spürnasen KV 8

Recherchiert im Internet (zum Beispiel *www.heiligenlexikon.de*) oder in Büchern, fragt Eltern, Großeltern, Lehrer, Pfarrer oder Freunde!

1. Der heilige Hieronymus – ergänzt die Angaben!

   Sein vollständiger Name: ____________________

   geboren: ____________________ in: ____________________

   gestorben: ____________________ in: ____________________

   Gedenktag: ____________________

2. Bauernregeln sind alte Volkssprüche über das Wetter. Zu vielen Heiligen und ihren Gedenktagen gibt es eine Bauernregel. Findet ihr auch über den heiligen Hieronymus einen Spruch?

   ____

   ____

3. Überlegt noch einmal: Was wurde bei der Löwenlegende verwechselt und warum wohl?

   ____

   ____

   ____

4. Recherchiert gut! Im Jahr 385 verließ Hieronymus Rom und zog mit einer Gruppe von Frauen nach Betlehem. Was gründete er dort?

   ____

   ____

5. Viele berühmte Künstler haben Bilder von Hieronymus gemalt. Sucht und stöbert und überlegt: Welches Bild von ihm findet ihr am spannendsten? Am schönsten? Am unheimlichsten? Notiert den Namen des Künstlers und des Bildes und versucht, eure Wahl zu begründen.

   ____

   ____

   ____

   ____

   ____

   ____

Lösungen zu den Fragen für clevere Spürnasen

Der heilige Gabriel – KV 7:

1. Bote Gottes
2. Manche Engel gelten als ganz besondere Boten und werden deswegen „Erzengel" genannt.
3. Gabriel verkündet Maria die frohe Botschaft der Geburt Jesu – Elisabeth verkündet Gabriel die Geburt des Sohnes Johannes – Gabriel verkündet den Hirten die Nachricht von der Geburt Jesu
4. Auf manchen Bildern braucht Gabriel noch etwas anderes, damit ihm die Menschen auch wirklich zuhören: eine Posaune!
5. Palast: Schloss, großer Prachtbau – Bote: Jemand, der im Auftrag eines anderen etwas überbringt – schimmern: blinken, flimmern, leuchten
6. Gabriel hält eine Lilie in seiner Hand, er hat den Zeigefinger erhoben, er hat große, leuchtende Flügel und sieht aus wie eine Frau.
7. Attribute des heiligen Gabriel sind die Flügel des (weiblichen) Engels, die Lilie, der erhobene Zeigefinger oder die Schriftrolle und die Posaune.

Der heilige Gabriel – KV 8:

1. Michael, Gabriel, Raphael
2. Gabriel bedeutet hebräisch „Gottes Held", „Kraft Gottes" oder „Gottes Stärke".
3. Das Fest der Erzengel wird am 29. September gefeiert.
4. Piero del Pollaiuolo kam nicht aus Deutschland, sondern aus Italien, und er war wahrscheinlich nicht nur Maler, sondern auch Bildhauer und Goldschmied.
5. Künstler: Raffaelo Santi (Raffael); Name des Bildes: Sixtinische Madonna (1512/1513)
6. Scheint auf Sankt Gabriel die Sonn', hat der Bauer viel Freud' und Wonn.
   (Diese Bauernregel gilt für den 24. März – die katholische Liturgiereform von 1969 verlegte den Gedenktag der Erzengel auf den 29. September.)
7. Eigene Diskussionsergebnisse.

Der heilige Michael – KV 7:

1. Bote Gottes
2. Manche Engel gelten als ganz besondere Boten und werden deswegen „Erzengel" genannt.
3. Michael, Gabriel, Raphael
4. „Wer ist wie Gott?"
5. Und es muss wohl etwas Böses sein, wenn es so furchterregend aussieht und Michael dagegen ankämpft und versucht, es mit seinem Schwert oder seiner Lanze aus dem Licht des Himmels in das Dunkel der Nacht zu stürzen.
6. Viele Menschen dachten, dass Michael am Ende des Lebens entscheidet, wer in den Himmel darf und wer in die Hölle muss.
7. Attribute des heiligen Michael sind die Flügel des Engels, sein Schwert oder seine Lanze, seine Rüstung oder sein Ritterhelm, der Drache oder das Ungeheuer, auf dem Michael steht, die Waage.
8. Michael hat zwei Flügel, eine Rüstung, eine Lanze und eine Waage in seiner Hand. Er steht auf einem Ungeheuer.

Der heilige Michael – KV 8:

1. Das Fest der Erzengel wird am 29. September gefeiert.
2. „Gibt Michaeli Sonnenschein, wird's in zwei Wochen Winter sein."
3. Höllensturz
4. Die Ägypter dachten früher, dass sie nach ihrem Tod zu einem Totengericht kommen. Dort wird ihr Herz auf die Waagschale gelegt und gegen eine Feder abgewogen. Wenn das Herz schwerer wiegt als die Feder, so starb der Tote endgültig. War das Herz jedoch leichter oder gleich schwer wie die Feder, so durfte der Tote im Kreise der Götter weiterleben.
5. Eigene Diskussionsergebnisse.
6. Eigene Diskussionsergebnisse.

Der heilige Ulrich – KV 7:

1. Augsburg
2. Ulrich wusste oft clevere Lösungen für viele Probleme.
3. Ulrich hatte die Idee, einen Ringwall zu bauen.
4. Denn am Freitag war es streng verboten, Fleisch zu essen, und nur Fisch war als Speise erlaubt.
5. Ulrich bekam Besuch von einem Freund, und sie diskutierten bis in die Nacht. Da kam ein Bote, und Ulrich gab ihm zum Dank ein Stück Fleisch. Da es aber schon Freitag und

Fleisch als Speise verboten war, wollte der Bote Ulrich überführen. Als er das Fleisch aber auspackte, war es zu Fisch geworden!

6. Ulrich trägt ein Bischofsgewand und einen Fisch bei sich.
7. Hans Burgkmair d. Ä. (‚der Ältere') hat das Bild „Der heilige Ulrich" vor über 400 Jahren in Augsburg gemalt, und heute hängt das Bild in der Gemäldegalerie in Berlin.
8. Besondere Kleidung, Gegenstände oder Zeichen, die einen Heiligen kennzeichnen, nennt man Attribute, und es gibt allgemeine und besondere Attribute.
   Attribute des heiligen Ulrich sind ein Bischofsgewand, ein Buch, Ulrich hoch zu Pferde in einer Schlacht, der Fisch

Der heilige Ulrich – KV 8:

1. Geboren: um 890 in Dillingen; gestorben: am 4. Juli 973 in Augsburg; Gedenktag: der 4. Juli.
2. Sein Name bedeutet „der an Erbgut Reiche".
3. Regen am St.-Ulrichstag, macht die Birnen stichig-mad.
4. Die Schlacht auf dem Lechfeld fand am 10. August 955 statt: Ungarische Reiter kämpften auf ihren Plünderungszügen an diesem Tag gegen das Heer Otto des Großen. Die feindlichen Truppen konnten besiegt werden, auch, weil der Ringwall, der auf Betreiben von Ulrich um die Stadt errichtet worden war, standhielt. Benannt ist die Schlacht nach dem Lechfeld im Dreieck zwischen Landsberg, Augsburg und Mering.
5. Ulrichsage: Als Ulrich noch ein Kind war, musste er stets einen langen Weg von der Schule nach Hause gehen – seine Mutter ließ immer ein Glöcklein läuten, damit er auch nach Hause fand. Einmal verirrte er sich aber und fand bis tief in die Nacht nicht heim, und als er schon große Angst bekam und nicht mehr wusste, wohin er gehen solle, da hörte er das Glöcklein und fand sicher nach Hause. Doch seltsam: Zu Hause hatte niemand das Glöcklein geläutet! Und heute noch ist es in Wittislingen Brauch, täglich um 21 Uhr und um 2 Uhr in der Nacht eine Glocke zu läuten.
6. 1531
7. Eigene Diskussionsergebnisse.

Die heilige Katharina – KV 7:

1. Solche Heilige nennt man Märtyrer, und oft werden sie mit einem Palmzweig oder einer Krone dargestellt.
2. Alle Legenden berichten, dass sie zur Zeit des Königs Costos gelebt haben soll, doch diesen König hat es nie gegeben.
3. „Großer Kaiser", sprach sie, „ich glaube, dass es nur einen Gott gibt, der alle Menschen liebt und alles für uns erschaffen hat: den Himmel und die Erde, die Sonne, den Mond und die Sterne!"
4. hochnäsig: von sich eingenommen sein – foltern: ungesetzlich richten; quälen, misshandeln
5. Hl. Nikolaus, hl. Michael, hl. Elisabeth ...
6. Attribute der heiligen Katharina sind ein Buch, ein Schwert, eine Krone, ein Palmzweig, ein Ring und ein hölzernes Rad.
7. Man sieht eindeutig das Rad, aber auch das Schwert, die Krone und das Buch, das Katharina in der Hand hält, deuten darauf hin.
8. Joos van Cleve hat das Bild um 1520 gemalt, und heute hängt es in der Gemäldegalerie in Berlin.

Die heilige Katharina – KV 8:

1. 25. November
2. Ihr Name bedeutet „Die Reine" (griechisch).
3. Katharina von Siena, ihr Gedenktag ist der 29. April.
4. Mehrere Lösungen möglich, zum Beispiel: Wie St. Kathrein / wird's Neujahr sein.
5. „Margareta mit dem Wurm, Barbara mit dem Turm, Katharina mit dem Radl, das sind die drei heiligen Madl."
6. Achatius, Ägidius, Barbara, Blasius, Christophorus, Cyriacus, Dionysius, Erasmus, Eustachius, Georg, Katharina, Margareta, Pantaleon, Vitus. (Regional unterschiedlich werden manche der elf männlichen Nothelfer auch durch Rochus von Montpellier, Nikolaus von Myra anstelle von Erasmus, Papst Sixtus II statt Dionysius, Hubertus von Lüttich, Albertus Magnus und Leonhard von Limoges anstelle von Ägidius ersetzt.)
7. Eigene Diskussionsergebnisse.

Der heilige Christophorus – KV 7:

1. Christophorus wird meist dargestellt als großer Mann mit Stab, der einen Fluss durchschreitet und dabei ein kleines Kind auf seinen Schultern trägt.

2. 12 Ellen sind fast 10 Meter, seine Schuhgröße müsste dann riesig gewesen sein (> 50)
3. Christophorus wollte seine Stärke und seine Kraft lieber für Gott einsetzen.
4. „Er nahm eine lange Stange, auf die er sich im Wasser stützte und trug alle Menschen, die zu ihm kamen, jahrein, jahraus auf seinen starken Schultern über den Fluss."
5. Einsiedler: ein einsam, abgekapselt lebender Mensch; Eremit, Klausner – Fährmann: Führer einer Fähre, eines Bootes
6. Eigene Diskussionsergebnisse
7. Die Attribute des heiligen Christophorus sind sein Stab, der Fluss, das Jesuskind auf seinen Schultern, das manchmal eine Kugel in der Hand trägt. Er wird als großer, starker Mann dargestellt.
8. Eigene Diskussionsergebnisse.

Der heilige Christophorus – KV 8:

1. Sein Name bedeutet „Christusträger" (griechisch), sein Gedenktag ist der 25. Juli.
2. Achatius, Ägidius, Barbara, Blasius, Christophorus, Cyriacus, Dionysius, Erasmus, Eustachius, Georg, Katharina, Margareta, Pantaleon, Vitus. (Regional unterschiedlich werden manche der elf männlichen Nothelfer auch durch Rochus von Montpellier, Nikolaus von Myra anstelle von Erasmus, Papst Sixtus II statt Dionysius, Hubertus von Lüttich, Albertus Magnus und Leonhard von Limoges anstelle von Ägidius ersetzt.)
3. Probus oder Reprobus
4. Die „Goldene Legende" ist eine Sammlung von Heiligenlegenden und Lebensgeschichten vieler Heiliger. Jacobus de Voraigne hat sie 1230–1298 in lateinischer Sprache verfasst.
5. München
6. Eigene Lösungen, „Christoph 22" zum Beispiel für Ulm.
7. Rhein, Elbe, Donau, Oder, Weser. Der längste Fluss Deutschlands ist der Rhein.

Die heilige Elisabeth – KV 7:

1. „Szeretném üdvözli elisabeth."
2. Sancta Elisabeth mater pauperum."
3. Mildtätigkeit, Barmherzigkeit
4. Ludwig, Landgraf von Thüringen
5. „Da ließ Elisabeth die Getreidespeicher der Burg öffnen und das Korn unter den Menschen verteilen."
6. Elisabeth wurde nach dem Tod ihres Mannes verboten, sich weiter um die Armen zu kümmern. Dies konnte sie nicht ertragen, und so verließ sie die Wartburg.
7. Attribute der heiligen Elisabeth sind Brote oder Fische, ein Bettler oder Kranker bei ihr, die Grafenkrone und vor allem ein Korb blühender Rosen.
8. Man sieht sie, wie sie einem Bettler ein Brot reicht, und weitere Brote hat sie in ihrem Arm.

Die heilige Elisabeth – KV 8:

1. geboren: 1207; gestorben: 1231; Gedenktag: 17. November
2. „St. Elisabeth sagt es an, / was der Winter für ein Mann." – Die Bauernregel meint, dass der Winter so werden wird, wie das Wetter am 17. November beschaffen ist.
3. Eigene Lösungen.
4. Einmal nahm Elisabeth einen Aussätzigen zu sich, pflegte und wusch ihn und legte ihn dann in ihr Bett. Als dies dem Landgrafen gemeldet wurde, eilte er herbei, schlug die Decke des Bettes zurück, doch statt des erwarteten Kranken erblickte er den gekreuzigten Heiland.
5. Bei Elisabeth dauerte es nach ihrem Tod nur vier Jahre, bis sie 1235 heiliggesprochen wurde.
6. Ein Triptychon ist ein dreigeteiltes Gemälde. Bei der Form des Flügelaltars lassen sich die zwei schmäleren Außenseiten nach innen klappen.

Die heilige Apollonia – KV 7:

1. Solche Heilige nennt man Märtyrer, und oft werden sie mit einer Palme, einer Krone oder einem Lorbeerkranz dargestellt.
2. Apollonia trägt einen Zahn bei sich!
3. Es geht um ihr Martyrium und darum, wie sie zu Tode kam, weil sie nicht von ihrem Glauben abkommen wollte.
4. In Ägypten in der Stadt Alexandria
5. Die Christen wurden verfolgt, gefangengenommen, gefoltert, und manche von ihnen wurden sogar getötet.
6. Auch sie wurde gefangen genommen und schwer misshandelt, und man schlug ihr sogar die Zähne aus.
7. „Apollon galt in ganz frühen Zeiten als ein Gott des Lichtes und der Weisheit, und auch der Zahn, mit dem Apollonia stets dargestellt wird, ist ein Symbol für die Weisheit."
8. Der Zahn kennzeichnet die heilige Apollonia.

Die heilige Apollonia – KV 8:

1. Abelone, Loni, Polly, Lona, Ninni ...
2. Der 9. Februar
3. „ Ist's an Apollonia feucht, / der Winter sehr spät entfleucht." – Wenn es am 9. Februar regnet oder feucht ist, wird es noch länger dauern, bis es Frühling wird, so meint diese Bauernregel.
4. Die Kunstrichtung heißt Pop Art; eigene Lösungen
5. 20 Zähne hat das Milchgebiss, 32 Zähne haben wir, wenn alle da sind.

Der heilige Nikolaus – KV 7:

1. Am 6. Dezember.
2. Bald ist Weihnachten!
3. Es gab eigentlich zwei „Nikoläuse": Nikolaus von Myra und Nikolaus von Sion, und beide waren wohl sehr freundlich und mildtätig. Von beiden Bischöfen wurden Geschichten überliefert, die später vermischt wurden.
4. Etwa 100 km von der heutigen Stadt Antalya entfernt.
5. Er trug die Mitra, einen Bischofsstab und einen langen Bischofsmantel.
6. Nikolaus und die drei Geschenke – Nikolaus und die wundersame Kornvermehrung
7. „Nikolaus erfuhr davon, und in drei Nächten warf er hintereinander jedes Mal ein Säckchen mit Goldstücken in das Schlafzimmer der Mädchen."
8. Attribute des Nikolaus sind sein Bischofsgewand, drei Kugeln oder drei Säckchen, drei Buben in einem Fass, ein Schiff, ein Anker, ein Steuerrad – und weitere Merkmale, die auf verschiedene Geschichten hinweisen.

Der heilige Nikolaus – KV 8:

1. Unterschiedliche Lösungen, zum Beispiel:
   Nüsseknacken
   Holler boller, Rumpelsack,
   Niklas trug ihn huckepack.
   Weihnachtsnüsse gelb und braun,
   runzlig, punzlig anzuschaun.
   Knackt die Schale, springt der Kern,
   Weihnachtsnüsse ess ich gern.
   Komm bald wieder in dies Haus,
   guter alter Nikolaus.
   (Albert Sergel)
2. Der Name bedeutet im Griechischen „Der Sieger über das/aus dem Volk".
3. Nikolaus und der Sturm; Nikolaus und das Pökelfass; Wie Sankt Nikolaus einem Menschen ein neues Herz gab …
4. „Regnet es an Nikolaus/wird der Winter streng, ein Graus." Dies mag wohl bedeuten, dass ein kalter Winter bevorsteht, wenn es am 6. Dezember regnet.
5. Die Figur des Weihnachtsmannes geht zurück auf den heiligen Nikolaus, und die Firma Coca Cola zeigte diesen schon sehr früh – bereits 1931 – auf ihren Plakaten für eine Werbekampagne: einen freundlichen, rundlichen, rot-weiß gekleideten Mann mit langem weißen Bart.
6. Eigene Lösungen.

Die heilige Barbara – KV 7:

1. Nicht sicher ist, wann sie geboren wurde oder wann sie starb und wo genau sie gelebt haben könnte. Auch gibt es sehr viele unterschiedliche Legenden von ihr.
2. Bauarbeiter, Zimmerleute, Architekten, Dachdecker, Bergleute
3. Der damalige Kaiser ließ alle Menschen, die an Gott glaubten, verfolgen und töten.
4. „Als ihr Vater einmal auf einer größeren Reise war, bekannte sich Barbara in ihrem Gefängnis zu Gott und ließ sich von dem Priester Valentinus taufen, der sich als Arzt verkleidet hatte und sie in ihrem Turm besuchte."
5. Barbara wurde nach dem Foltern von ihrem eigenen Vater enthauptet.
6. Allgemeine Attribute der heiligen Barbara sind das Schwert, die Krone, der Palmzweig oder auch das Kreuz, und besonders kennzeichnen sie ein Kelch mit Hostien und der Turm mit den drei Fenstern. Ein weiteres Attribut ist ihr Vater, der klein zu ihren Füßen gezeigt wird.
7. Wir sehen sie mit einem Buch und einer Feder in der Hand, aber vor allem ist im Hintergrund ein Turm erkennbar.

Die heilige Barbara – KV 8:

1. Ihr Gedenktag ist der 4. Dezember, und ihr Name bedeutet griechisch „die Fremde".
2. Solche Heilige nennt man Märtyrer, und oft werden sie mit einer Palme, einer Krone oder einem Lorbeerkranz dargestellt.
3. Achatius, Ägidius, Barbara, Blasius, Christophorus, Cyriacus, Dionysius, Erasmus, Eustachius, Georg, Katharina, Margareta, Pantaleon, Vitus. (Regional unterschiedlich werden manche der elf männlichen Not-

helfer auch durch Rochus von Montpellier, Nikolaus von Myra anstelle von Erasmus, Papst Sixtus II statt Dionysius, Hubertus von Lüttich, Albertus Magnus und Leonhard von Limoges anstelle von Ägidius ersetzt.) Ein Triptychon ist ein dreigeteiltes Gemälde, wobei sich die zwei schmäleren Außenseiten nach innen klappen lassen. Joos van Cleve hat dieses Bild um 1520 gemalt, und heute hängt es in der Gemäldegalerie in Berlin.

4. „Geht Barbara im Klee, / kommt's Christkind im Schnee." Dies mag wohl bedeuten, dass es an Weihnachten Schnee geben wird, wenn es am 4. Dezember noch grün ist.
5. Diesem Brauch nach werden am 4. Dezember Barbarazweige geschnitten und in einer Vase aufgestellt. Je nach Gegend werden zum Beispiel Kirsch-, Apfel- oder auch Forsythienzweige verwendet. Sie sollen bis zum Heiligen Abend blühen.
6. Verschiedene Lösungen möglich, zum Beispiel: „Die du im Erdenschoß des Bergmanns starker Hort, hör', Barbara, du Große, getreuer Knappen Wort. Zu schwerem Werk wir fahren hinab den dunklen Schacht. Du mögest uns bewahren in tiefer Bergesnacht."
(Bergmannslied zum Festtag der heiligen Barbara, 4. Dezember)
Der Bergmannsgruß lautet „Glück auf!"

Der heilige Hieronymus – KV 7:

1. Die Kirchenväter Ambrosius, Augustinus, Gregor und Hieronymus bewahrten den Glauben und verfassten wichtige religiöse Schriften.
2. Hieronymus war ein sehr gebildeter Mann, der lesen und schreiben konnte.
3. Die Taufe
4. Eigene Ergebnisse; Hieronymus sprach sieben Sprachen.
5. In Syrien lebte Hieronymus fünf Jahre als Einsiedler.
6. Man sieht Hieronymus in einem kardinalsroten Umhang, er hat einen Büßerstein in der Hand, und ein Löwe, ein Kreuz und ein Buch sind zu erkennen. Heute hängt das Bild in der Gemäldegalerie in Berlin.
7. Attribute des heiligen Hieronymus sind ein Kreuz, ein Stein, ein Buch, ein Totenkopf, aber auch ein roter Hut oder Mantel/Umhang. Wichtiges Merkmal ist auch der Löwe.

Der heilige Hieronymus – KV 8:

1. Sein vollständiger Name: Sophronius Eusebius Hieronymus – geboren 347 in Stridon – gestorben 420 in Betlehem – sein Gedenktag ist der 30. September.
2. „Von Michel und Hieronymus mach aufs Weihnachtswetter Schluss."
3. Eigentlich wird diese Legende Gerasimos vom Jordan zugeschrieben, doch wahrscheinlich wurden die beiden Namen aufgrund ihrer Ähnlichkeit – Gerasimos und Hieronymus – verwechselt.
4. Er gründete vier Klöster – drei für Nonnen und eines für Mönche, dessen Leitung er selbst übernahm.
5. Eigene Ergebnisse, zum Beispiel „Der heilige Hieronymus im Gehäus" von Antonio Colantonio (Hieronymus zieht dem Löwen den Dorn aus der Pranke) oder auch „Hieronymus in der Höhle" von Michelangelo Caravaggio (eindrucksvoller Totenkopf)
Eigene Diskussionsergebnisse.

Bildnachweis

S. 12 Piero del Pollaiuolo: „Die Verkündigung an Maria“, um 1470, Öl auf Holz. © bpk-images/Bildarchiv preußischer Kulturbesitz, Berlin; Bildnummer: 00023405

S. 20 Bartolomeo Vivarini: „Der heilige Michael mit der Seelenwaage“, Öl auf Holz. © bpk-images/Bildarchiv preußischer Kulturbesitz, Berlin; Bildnummer: 00084051

S. 28 Hans Burgkmair d. Ä.: „Der heilige Ulrich“, 1518, Öl auf Holz. © bpk-images/Bildarchiv preußischer Kulturbesitz, Berlin; Bildnummer: 00029003

S. 36 Joos van Cleve: „Die heilige Katharina“, um 1520. Seitenflügel (innen) eines Dreiflügelaltars mit der Anbetung der Könige, Öl auf Holz. © bpk-images/Bildarchiv preußischer Kulturbesitz, Berlin; Bildnummer: 00040266

S. 44 Lorenzo Lotto: „Der heilige Sebastian und der heilige Christophorus“, um 1535, Öl auf Leinwand. © bpk-images/Bildarchiv preußischer Kulturbesitz, Berlin; Bildnummer: 00029382

S. 52 Kölner Meister: „Maria im Kreise von heiligen Frauen“, um 1420. Triptychon, Öl auf Eichenholz. © bpk-images/Bildarchiv preußischer Kulturbesitz, Berlin; Bildnummer: 00023423

S. 60 Rogier van der Weyden: „Die Heiligen Margaretha und Apollonia“, um 1445-1450, Öl auf Eichenholz. © bpk-images/Bildarchiv preußischer Kulturbesitz, Berlin; Bildnummer: 00028538

S. 68 Gentile da Fabriano: „Madonna mit hl. Nikolaus von Myra und hl. Katharina von Alexandrien und Stifter“, 1395-1400, Öl auf Holz. © bpk-images/Bildarchiv preußischer Kulturbesitz, Berlin; Bildnummer: 00029383

S. 76 Joos van Cleve: „Die heilige Barbara“, um 1520. Seitenflügel (innen) eines Dreiflügelaltars mit der Anbetung der Könige, Öl auf Holz. © bpk-images/Bildarchiv preußischer Kulturbesitz, Berlin; Bildnummer: 00040266

S. 84 Hans Schäufelin: „Der heilige Hieronymus“, Entstehungsjahr unbek., Öl auf Lindenholz. © bpk-images/Bildarchiv preußischer Kulturbesitz, Berlin; Bildnummer: 00094123

Ihr Pädagogik-Partner!

Juliane Linker

Nichts für Kinder!?

Grundschulkinder mit Sterben und Tod vertraut machen

80 S., DIN A4,
Kopiervorlagen mit Lösungen
Best.-Nr. 355

Der Tod – ein Tabuthema in der Schule? Auch wenn jeder Erwachsene weiß, dass das Sterben zum Leben dazugehört, versuchen wir, Kinder möglichst lange vom Phänomen Tod fernzuhalten. Dieser Band nimmt die Fragen und Ängste der Kinder ernst und hilft Lehrkräften, Schülerinnen und Schüler kindgerecht und behutsam an das Werden und Vergehen aller Geschöpfe heranzuführen. Dabei werden u. a. emotionale Fähigkeiten der Schüler/-innen entwickelt und gestärkt.

Josef Schwaller

Ein Jahr ist rund

Das Kirchenjahr als Thema im Religionsunterricht

1.–6. Jahrgangsstufe

90 S., DIN A4,
mit Kopiervorlagen
Best.-Nr. 424

Das Buch liefert das Grundwissen zu den christlichen Hauptfesten. Es bietet einen praxisnahen Aufriss einer Kirchenjahrdidaktik, eine griffige Zusammenfassung theologisch relevanten Hintergrundwissens, kompetenzorientierte Lernwege und ein breites Angebot an praxiserprobten Ideen sowie Methoden und Medien, die sowohl im katholischen wie auch im evangelischen Religionsunterricht einsetzbar sind.

Ursula Heilmeier / Angelika Paintner

Religionsunterricht

informativ – kreativ – praktisch und mehr …

Fantasievolle Ideen zu ausgewählten Themen des Rahmenplans katholische Religion in der Grundschule

1./2. Klasse
100 S., DIN A4,
mit Kopiervorlagen
Best.-Nr. 352

3./4. Klasse
92 S., DIN A4,
mit Kopiervorlagen
Best.-Nr. 353

Orientiert am Grundlagenplan zum katholischen Religionsunterricht werden in diesen Bänden exemplarisch wichtige Themen aus der 1./2. und 3./4. Klasse mit einer Variation von **kreativen Methoden** und **genauen Anleitungen** in die Praxis umgesetzt. Die zahlreichen durchdachten und praktischen Gestaltungsideen helfen, unterrichtliche Vielfalt zu verwirklichen, wecken Fantasie, Neugier, Interesse und Verständnis der Kinder für religiöse Inhalte.

Weitere Infos, Leseproben und Inhaltsverzeichnisse unter
www.brigg-verlag.de

Bestellcoupon

Ja, bitte senden Sie mir / uns mit Rechnung

_____Expl. Best.-Nr. ____________________

_____Expl. Best.-Nr. ____________________

_____Expl. Best.-Nr. ____________________

Meine Anschrift lautet:

Name / Vorname

Straße

PLZ / Ort

E-Mail

Datum/Unterschrift　　Telefon (für Rückfragen)

Bitte kopieren und einsenden/faxen an:

Brigg Verlag
Franz-Josef Büchler KG
Beilingerstr. 21
86316 Friedberg

Bequem bestellen per Telefon / Fax:
Tel.: 0 89/61 38 71 27
Fax: 0 89/61 38 71 20
Online: www.brigg-verlag.de